챗GPT가 내 공부를 다 해 준다고?

초판 1쇄 펴낸날 2023년 10월 27일
초판 2쇄 펴낸날 2024년 6월 18일

글 정윤선
그림 우지현
펴낸이 홍지연

편집 고영완 전희선 조어진 이수진 김신애
디자인 이정화 박태연 박해연 정든해
마케팅 강점원 최은 신종연 김가영 김동휘
경영지원 정상희 여주현

펴낸곳 (주)우리학교
출판등록 제313-2009-26호(2009년 1월 5일)
주소 04029 서울시 마포구 동교로12안길 8
제조국 대한민국
전화 02-6012-6094
팩스 02-6012-6092
홈페이지 www.woorischool.co.kr
이메일 woorischool@naver.com

ISBN 979-11-6755-232-7 73500

• 책값은 뒤표지에 적혀 있습니다.
• 잘못된 책은 구입한 곳에서 바꾸어 드립니다.

만든 사람들
편집 고영완 **교정** 한미경
디자인 오성희

일러두기
1. 본문 속 '채리'의 질문과 인공 지능의 대답은 모두 챗GPT, 바드 등 생성형 인공 지능과 실제로 나눈 대화로, 글자 색을 달리하였습니다.
2. 생성형 인공 지능은 기본적으로 이용자를 성인으로 여기고 대답을 생성하기 때문에 쉬운 대답을 이끌어 내기 위해 모든 질문은 '어린이 눈높이로' '어린이가 이해할 수 있도록' 등을 넣어 이루어졌으며, 본문에서는 이들 '어린이 대상' 지문을 생략하였습니다.

어린이를 위한 생성형 인공 지능의 모든 것

챗GPT가 내 공부를 다 해 준다고?

정윤선 지음 | 우지현 그림

우리학교

저자의 말

아이언맨을 돕는 자비스, 지구에 홀로 남아 폐기물을 치우는 월E, 우주를 누비는 수다스러운 R2-D2와 C-3PO. 들어 본 적 있지요? 인공 지능과 함께 사는 세상은 영화 속 이야기 같지만 우리는 벌써 인공 지능과 함께 생활하고 있어요. 스마트폰의 비서에서 음악 플랫폼의 추천 시스템까지 다양하지요. 여기에 2022년 겨울부터 전 세계를 뜨겁게 달구고 있는 인공 지능을 빼놓을 수 없어요. 바로 챗GPT예요.

미국에서 만들었지만, 챗GPT는 우리말을 유창하게 하고, 사회, 과학, 문학, 분야에 상관없이 질문에 답해요. 사람의 뇌를 닮게 했다더니 수학 문제를 풀거나 코딩도 해 준답니다. 새로운 것을 만들어 내는 '생성형 인공 지능'이란 말에 익숙해지기도 전인데, 사용자 수는 두 달 만에 1억 명을 넘었어요. 챗GPT로 작업한 소설이 출간되고 챗GPT로 기획한 음료가 출시되기도 했지요. 이제 이미지를 인식하는 기능을 갖추고 음성 서비스를 시작함으로써 눈과 입을 가진 인공 지능으로 발전하고 있어요. 이쯤이면 범용 인공 지능의 시작이 아닐까 하는 말에 고개를 끄덕여요.

챗GPT뿐만이 아니에요. 구글의 바드(Bard), 네이버의 클로바 엑스(CLOVA X)와 같은 인공 지능의 등장으로 누구나 생성형 인공 지능을 사용하는 시대가 열렸어요.

이 책은 이런 시대를 살아갈 어린이들을 위한 책이에요. 챗GPT와 생성형 인공 지능을 알기 쉽게 썼지요. 챗GPT를 써 보고 싶지만, 어떻게 사용해야 하는지 모르는 어린이들, 부모님과 선생님께 물었지만, 속 시원한 답을 듣기 어려웠던 친구들, 또 마땅히 물어볼 곳 없는 어린이들에게 도움이 될 거예요. 챗GPT가 무엇인지, 어떻게 활용하는지, 세상을 어떻게 바꿀지, 사용할 때 주의할 점에 대해 알아 가다 보면 생성형 인공 지능이 무엇인지, 생성형 인공 지능이 여는 세상은 어떤지 알 수 있게 될 거랍니다.

이 책은 어린이 혼자 보면서 충분히 이해하고 활용할 수 있도록 썼어요. 하지만 친구들, 부모님, 선생님과 함께 읽고 인공 지능이 여는 세상에 관해 이야기하면 더 좋을 거예요.

이 책을 활용할 때 주의할 점이 있어요. 구글의 바드(Bard)는 보호자와 함께 사용하도록, 챗GPT는 현재 어린이 회원 가입을 제한했어요. 어린이를 최대한 보호하기 위한 이 조치를 따라 생성형 인공 지능은 부모님, 선생님과 같은 주변의 어른들과 함께 사용해야 한다는 점을 잊지 마세요.

마지막으로 이 책은 챗GPT와 함께 썼어요. 어린이 여러분이 궁금할 내용을 묻고 책에 담았답니다. 챗GPT가 여러분께 인사를 남겼어요.

"어린이 친구들! 나는 챗GPT라고 해요. 함께 재미있는 인공 지능의 세계를 탐험하며 배워 나가요!"

그럼, 책 속에서 여러분만의 인공 지능 친구를 찾기를 바랍니다.

2023년 정윤선

차례

저자의 말_ • 4
프롤로그_ 챗GPT가 궁금해! • 8

1장 챗GPT, 네 정체를 밝혀라
챗GPT로 무엇을 할 수 있을까요? • 22
설마 챗GPT 대신 사람이 답을 하는 건 아니죠? • 28
챗GPT는 어떻게 이 모든 걸 할 수 있나요? • 34
왜 챗GPT를 생성형 인공 지능이라고 불러요? • 40
챗GPT가 세상에서 가장 똑똑한가요? • 54

2장 챗GPT는 세상을 어떻게 바꿀까?
어쩌면 챗GPT가 사람들의 생각을 훔쳐 가는 것은 아닐까요? • 62
챗GPT만 있으면 다 되는데 공부할 필요가 있을까요? • 67
챗GPT가 다 알려 주니 영어 공부는 하지 않아도 될까요? • 73
챗GPT가 우리의 일자리를 다 빼앗을까요? • 77

3장 챗GPT의 위험성

왜 어린이는 챗GPT를 마음대로 쓰면 안 되나요? • 84

챗GPT가 거짓말을 한다고요? • 90

챗GPT가 가짜 뉴스로 대통령 선거를 방해한다고요? • 95

챗GPT가 차별과 혐오를 만든다고요? • 101

인공 지능이 내 정보를 함부로 퍼뜨린다고요? • 106

인공 지능이 더 똑똑해지면 사람을 해칠까요? • 110

4장 챗GPT와 행복하게 살려면

인공 지능은 내가 외로울 때 도움을 줄 수 있을까요? • 118

챗GPT에게서 원하는 걸 얻으려면 어떻게 해야 할까요? • 123

챗GPT가 나쁜 일에 쓰이지 않게 하려면 어떻게 해야 할까요? • 130

챗GPT는 앞으로 어떻게 변할까요? • 136

우리는 챗GPT와 좋은 친구가 될 수 있을까요? • 142

프롤로그

챗GPT가 궁금해!

"맞다, 과학 숙제! 애니메이션에 나온 과학 찾아야 하는데 안 했어! 조별 과제라 안 하면 친구들이 엄청 화낼 텐데."

아침밥 먹다 말고 외치는 걸 보니 채리가 또 과학 숙제를 안 했나 봐.

"으악, 컴퓨터 왜 이렇게 느려. 빨리 켜져라, 켜져라."

그래도 이번에는 숙제를 할 건가 봐. 그런데 시간이 별로 없는데? 채리는 오늘도 지각인가?

"됐다! ○튜브……. 우리 조는 〈명탐정 코난〉이니까……. 으악, 영상이 왜 이렇게 길어. 저걸 언제 다 봐! 20분 뒤엔 집에서 나가야 하는데.

그럼 2배속으로!"

2배속을 해도 1시간인데…… 채리는 숙제를 할 수 있을까?

"엄마, 〈명탐정 코난〉에 나온 과학 아는 거 있어요?"

결국 엄마를 부르는 채리! 맞아, 급할 땐 엄마지!

"내가 그걸 어떻게 알아? 검색해 봐. 그런데 이 녀석 숙제 또 안 했어?"

한 소리 듣는 건 감수해야 해.

"어제 너무 피곤해서 깜박 잊고 잠들었어요. 어휴, 맞다. 검색! 빨리 검색해 봐야지."

"구○…… 〈명탐정 코난〉에 나온 과학……. 아휴, 뭐가 이렇게 많아? 시간도 없는데 다 열어 볼 수도 없고, 어떤 것을 봐야 하지?"

"채리야, 늦었어. 얼른 학교 가! 엄마, 선생님한테 또 전화 받기 싫다!"

"네, 엄마! 안 되겠다. 학교 도서관에 가 봐야지. 아휴, 정보 찾기가 왜 이렇게 어려운 거야. 숙제를 척척 도와주는 로봇은 대체 언제 나오는 건데!"

결국 채리는 아침밥도 다 못 먹고 학교에 갔어. 이럴 때 채리가 챗GPT를 알았다면 조금 달라졌을 텐데! 챗GPT는 채리가 말한 '숙제를 도와줄 수 있는 로봇'이거든.

숙제를 도와주는 로봇이 어디 있냐고?

안 믿어도 그만이지만, 믿으면 숙제도 도와주고, 모르는 걸 물으면 대답도 해 주는 진짜 인공 지능 비서가 생긴다는 사실!

따라와 볼 거야? 그럼 시—작!

먼저 챗GPT 홈페이지에 들어가. 챗GPT를 이용할 때는 어린이는 반드시 부모님을 비롯한 보호자와 함께해야 해. 이곳이 처음이라면 회원 가입을 하고 로그인을 한 다음 입력창에 알고 싶은 것을 입력해. '애니메이션 〈명탐정 코난〉에 나온 과학 실험을 소개해 줘.'라고 말이야. 그럼 다음과 같이 실험을 여러 개 알려 주지.

애니메이션 〈명탐정 코난〉에 나온 과학 실험을 간단하게 소개해 줘.

〈명탐정 코난〉에는 다양한 미스터리를 과학적인 방법으로 해결하는 에피소드들이 많습니다. 몇 가지 간단하게 이해할 수 있는 실험들을 소개해 보겠습니다.

- 지문 비교
  코난은 범죄 현장에 남아 있는 지문을 이용해 범인을 찾아내곤 합니다. 이는 실제로 과학적으로 이루어지는 실험입니다. 각 사람의 지문은 다르므로, 지문 비교를 통해 특정 사람을 찾을 수 있습니다.

- 화학 물질 반응
  코난은 때때로 화학 물질의 반응을 이용해 진실을 밝혀내곤 합니다. 예를 들어 특정 액체가 물인지 아닌지를 알아내기 위해 화학적 반응을 활용하기도 합니다.

- **빛의 산란**

  코난은 빛의 산란 원리를 이용해 범인을 잡아낸 적이 있습니다. 물체에 빛이 쬐면 그 빛은 다양한 방향으로 퍼져 나가는데 이를 이용해 증거를 찾아냅니다.

- **음파의 진행**

  코난은 사건의 흐름을 추적하기 위해 음파의 진행 속도를 이용하기도 했습니다. 소리는 공기, 물, 금속 등 다양한 매질에서 서로 다른 속도로 이동하며, 이를 이용하여 사건이 일어난 시간이나 장소를 파악하는 데 활용했습니다.

- **피와 루미놀 반응**

  코난은 사건 현장에서 피 흔적을 찾기 위해 루미놀을 사용합니다. 루미놀은 피와 반응하면 푸른빛을 내뿜는 특성이 있어, 이를 이용해 피의 흔적을 찾아냅니다.

이러한 실험들은 모두 실제 과학에서 사용되는 원리를 기반으로 하고 있습니다. 이러한 원리를 이해하면 코난의 미스터리 해결법이 더욱 흥미롭게 느껴질 것입니다.

그리고 이 중에서 관심 있는 실험을 골라 어린이가 할 만한 실험 방법을 물어볼 수도 있어.

이 중에서 지문 비교 실험을 하려고 해. 실험 방법을 간단히 알려 줘.

지문 비교 실험은 아이들에게 재미있고 교육적인 활동일 수 있습니다. 다음은 간단하게 진행하는 방법입니다.

필요한 재료

투명 테이프, 흑연 가루(연필심도 가능), 흰 종이, 돋보기(필요시)

실험 방법

1. 가장 먼저 자신의 지문을 만들어 냅니다. 이를 위해 손가락을 연필심이나 흑연 가루에 찍습니다. 이렇게 해서 손가락에 미세한 가루를 붙여 두면 이것이 지문의 패턴을 재현할 수 있는 재료가 됩니다.

2. 그다음에는 테이프를 준비하고, 가루가 묻은 손가락을 테이프에 찍습니다. 그럼 테이프에 지문이 남게 됩니다.

3. 이제 테이프를 떼어 내어 흰 종이에 붙입니다. 종이에 붙이면 지문이 더 잘 보입니다.

4. 돋보기를 사용하여 지문을 자세히 관찰합니다. 지문의 각각의 선들이 어떻게 배열되어 있는지, 그리고 이런 선들 사이에 어떤 패턴이 있는지 관찰합니다.

이렇게 만든 지문을 여러 사람의 지문과 비교해 보면서, 각자의 지문이 얼마나 독특한지 확인해 볼 수 있습니다. 각 지문은 그 세부적인 모양과 패턴에 따라 전혀 다르게 보이므로, 이는 아이들이 자신들이 독특하다는 것을 깨닫게 해 주는 좋은 기회가 될 것입니다.

안전 주의 사항: 연필심이나 흑연 가루는 머리나 눈 등에 들어가지 않도록 주의해야 합니다. 실험 후에는 꼭 손을 깨끗이 씻어 주세요.

어때? 질문 창에 질문을 넣기만 했는데, 긴 동영상을 보지 않고도 필요한 정보를 얻었어. 그리고 학교에서 조원들과 할 수 있는 실험 방법도 알아낼 수 있어. 단 두 번의 질문으로 말이야. 이쯤 되면 챗GPT는 채리가 바란 숙제를 척척 도와주는 로봇이라고 할 수 있겠지?

대단하다고? 맞아, 먼 미래에나 가능할 것 같았던 만화 같은 일이 지금 우리 눈앞에 일어나고 있어!

2022년 11월, 새로운 인공 지능인 '챗GPT'의 등장으로 전 세계가 들썩였어. 지금껏 제일 센 녀석이, 물어보는 것은 무엇이든 다 대답해 준다는 인공 지능이 나타났기 때문이지.

챗GPT(ChatGPT)는 오픈AI(OpenAI)라는 회사에서 2022년 11월에 출시한 생성형 인공 지능 챗봇이야. 대규모 언어 모델 인공 지능인 GPT-3에서 오류를 개선한 GPT-3.5로 만들었어. 그리고 2023년 3월 14일부터는 GPT-4가 적용된 유료 버전을 공개했어.

물론 인공 지능은 전부터 있었어.

스마트폰에 대고 "시리야, 날씨 알려 줘!" 하면 "오늘의 날씨는······." 하고 답을 하고, "빅스비 여기 있어요."로 시작해 엄마에게 전화를 걸어 주기도 하며, "지니야, TV 켜 줘!" 하면 TV를 켜 주기도 했지. 바둑의 제왕을 이긴 '알파고'도 있어.

그런데 이번에는 뭐가 특별히 다르냐고?

"빅스비 여기 있어요."로 시작해 기계처럼 몇 가지 말을 반복하는 시리나 빅스비와는 비교할 수도 없어. 마치 모든 일을 통제하는 영화 〈아이언맨〉의 인공 지능 비서인 자비스가 나타난 것 같다는 소문이야.

기존의 어느 번역기보다 번역을 잘하고 백과사전보다 똑똑한데, 사람과 대화하는 것 같다는 이 인공 지능에 사람들이 몰려드는 것은 순식간이었어. 전 세계에서 100만 명이 모여드는 데 넷플릭스가 1300일, 인스타그램이 75일 걸렸다면 챗GPT는 단 5일 걸렸거든. 사용자 수 1억 명이 되는 데는 2개월밖에 걸리지 않았고 말이야.

챗GPT가 등장하자마자 구글은 '코드 레드'를 발령하며 비상사태를 선언했어. 그리고 "검색의 시대가 끝났다!"는 말이 들리기까지 시간이 얼마 걸리지 않았지.

 챗GPT 돌풍? 그게 무슨 말이야?

새로운 인공 지능이 나왔대. 〈아이언맨〉의 비서 자비스 같다는데?

 에이, 영화도 아닌데?

이제 구글 검색의 시대는 끝났대.

 그럼 뭘로 검색을 하나······.

책을 쓰고 그림을 그리는 인공 지능이래!

 이야, 대단한걸!

코딩도 한다는데?

 난 컴퓨터 프로그래머가 꿈인데, 그럼 그거 못 하는 거야?

설마! 그런데 인공 지능 때문에 인간이 위험해질 수 있대!

 뭐어? 그건 또 무슨 소리야?

잠깐, 인공 지능 개발을 중지하자는 사람들도 있어!

 그렇게 센 녀석이 온 거야?

그런데 또다시 세상이 바뀌기 시작했어. 예상치 못한 일이 일어난 거야. 마이크로소프트(MS)사의 검색 엔진 빙(Bing)에 챗GPT가 결합되었어. 구글(Google)의 크롬(Chrome)에도 연결되었지. 검색 엔진들도 챗GPT를 받아들이기 시작했어.

더 나아가 각국의 IT 기업들은 자국의 언어로 다양한 챗GPT 연결 프로그램을 만들었어. 카카오톡에서도 챗GPT를 불러올 수 있고, 챗GPT에서 항공기 예약도 가능해. 경계할 줄 알았던 IT 기업들이 너도나도 챗GPT를 받아들이며 새로운 세상이 열리고 있어. 이러다 챗GPT가 모두와 연결되는 건 아닐까 싶을 정도로 세상이 변하고 있지.

맞아, 그야말로 전 세계는 챗GPT 열풍이야.

이런 모습을 보며 사람들은 챗GPT가 바꿀 세상의 모습을 기대하고 있어.

"숙제하기가 쉬워졌어!"

빠른 속도에 감탄하면서,

"기획안 쓰기가 이렇게 편해지다니!"

편리함에 놀라면서,

"이러다 우리 일자리도 빼앗아 가는 거 아니야?"

걱정하면서,

"인류의 멸종을 가져올지도 모른다고?"

막연한 두려움을 안은 채 말이야.

챗GPT가 세상에 나오고 갑자기 미래가 현실이 되었어.

아직 특별히 달라진 것을 모르겠다고? 눈을 감고 있으면 아무것도 보이지 않아. 하지만 그렇다고 아무 일도 일어나지 않는 것은 아니야.

세상이 달라지고 있다는 것을 모두가 알아야 해. 정보는 또 다른 힘이거든. 어린이들도 챗GPT를 제대로 알고 바르게 쓸 줄 알아야지. 미래를 열어 갈 주인공은 바로 우리 어린이들이잖아.

다음은 챗GPT의 자기소개야. 새로운 친구 챗GPT와 함께 새로운 세상으로 가 보자.

안녕? 자기소개를 해 줘!

안녕하세요, 친구들! 저는 챗GPT라고 해요. 이 이름이 조금 이상하게 들릴 수도 있지만, 저는 여러분의 컴퓨터 친구예요.
저는 인공 지능이라고 하는, 사람처럼 생각하고 말하는 프로그램이에요. 인공 지능은 '사람이 만든 지능'이라는 뜻이죠. 여러분이 만화나 영화에서 본 로봇들처럼 똑똑하게 말하고 다양한 정보를 알려 줄 수 있답니다.

이미지 생성 인공 지능이 표현한 인공 지능 로봇과 어린이의 만남

저는 많은 책과 정보를 읽어서, 여러분이 궁금해하는 질문에 대답할 수 있어요. 여러분이 숙제에 대해 도움이 필요하거나, 재미있는 이야기를 듣고 싶을 때, 혹은 새로운 게임이나 놀이 아이디어가 필요할 때 저를 찾아 주세요.

하지만 저도 모든 것을 다 알지는 못해요. 때때로 잘못된 것을 말할 수도 있고, 최신 정보를 모를 수도 있어요. 그래도 함께 배우고 재미있게 놀 수 있다면 정말 행복할 것 같아요.

여러분이 원하는 것을 물어봐 주시면, 저는 최선을 다해 도와드리도록 할게요. 친구들, 우리 즐겁게 지내요!

챗GPT로 무엇을 할 수 있을까요?

챗GPT가 전 세계에서 가장 빨리 유명해진 컴퓨터 프로그램이라고요? 챗GPT로 무엇을 할 수 있기에 그렇게 유명한가요? 빅스비나 시리처럼 간신히 답만 하는 건 아니겠죠? 챗GPT가 무엇을 가장 잘하는지 알려 주세요. 또 얼마나 똑똑한지도 궁금해요.

챗GPT는 영화나 애니메이션에서 보았던 아주 똑똑한 로봇이랑 비슷해. 주인공이 물어보면 척척 대답해 주는 로봇 말이야. 사람처럼 생각할 수 있는 똑똑한 로봇이라 해서 인공 지능이라 불리는 컴퓨터 프로그램, 들어 본 적 있지? 영어로는 AI(Artificial Intelligence)라고 해.

🧒 인공 지능이 무엇인지 설명해 줘.

🤖 인공 지능은 컴퓨터 프로그램으로, 사람처럼 생각하고 배울 수 있

어요. 이 프로그램 덕분에 컴퓨터가 문제를 해결하고 게임도 잘하죠. 'AI'라고 부르는 건 '인공 지능'을 쉽게 말하는 방법이에요.

챗GPT는 사람이 물어보는 말에 답을 해 주고 인사를 하거나 대화도 주고받을 수 있어. 기존 인공 지능 비서보다 훨씬 말을 잘하지. 그래서 대규모 언어 모델이라고 불리기도 해.

🦀 대규모 언어 모델이 무엇인지 알려 줘.
🤖 대규모 언어 모델은 많은 책과 글을 읽은 슈퍼 컴퓨터 프로그램이에요. 이 프로그램은 여러분이 물어보는 질문에 글로 답변을 해 주고, 심지어 이야기도 만들어 쓸 수 있어요.

그래서 챗GPT는 언어로 하는 일은 다 잘해. 웬만한 질문에도 척척박사처럼 답하지. 기존의 인공 지능 비서들은 "물이 꽁꽁 어는 온도를 무엇이라 하지?"라고 물으면 답을 잘하지 못했지만, 챗GPT는 0.1초도 되지 않아 "어는점"이라고 답해.

과학 말고도 사회, 국어, 영어 과목은 물론 역사와 철학에 대해서도 답을 해 주지. 요리 레시피에 대해 물어도 금방 알려 줘. 또 수학 문제도 풀 수 있다는 사실! 다만 어려운 문제는 아직 헤매기는 해.

🕷 수학 문제도 풀 수 있어? 재미있는 뺄셈 문제를 내고 풀어 줄래?

🤖 그럼 여러분, 상상력을 발휘하여 저 멀리 공룡 시대로 가 볼까요?

> **문제**: 원시 시대에는 큰 공룡들이 살았어요. 그중에는 거대한 공룡인 티라노사우루스(T-Rex)도 있었어요. 어느 날 T-Rex가 숲에서 15개의 열매를 찾았어요. 그런데 귀여운 공룡 친구 스테고사우루스가 배가 고프다며 7개의 열매를 빌려 달라고 부탁했어요. 스테고사우루스에게 7개의 열매를 주면 T-Rex는 몇 개의 열매를 가지고 있을까요?
>
> **풀이**: T-Rex가 처음에 15개의 열매를 가지고 있었고, 스테고사우루스에게 7개를 줬으니까, 빼기를 해 보면 15-7=8. T-Rex는 이제 8개의 열매를 가지고 있어요!

이렇게 T-Rex는 친구를 도와주면서도 여전히 맛있는 열매를 먹을 수 있었어요. 친구와 나누는 즐거움을 배운 T-Rex, 멋지지 않나요?

챗GPT는 글도 잘 써. 그래서 사람들은 글 쓸 때 도움을 받기도 해. SNS나 블로그에 올리는 글, 설명하는 글이나 주장하는 글을 쓸 때, 순서에 따라 어떤 내용이 들어가면 좋을지 목차를 짜 달라고 할 수도 있지. 어떤 사람은 챗GPT가 쓴 연설문으로 연설을 하기도 했어. 또 어떤 작가들은 소설이나 동화를 쓸 때 챗GPT의 도움을 받았지.

🕷️ 동화를 쓰고 싶어! 동화를 쓰려면 어떤 것을 가장 먼저 생각해야 하는지 알려 줘.

🤖 동화를 쓰려면 가장 먼저 '주제'를 생각해 봐야 해요. 주제는 이야기의 핵심 아이디어죠. 그다음 어떤 '주인공'이 나올지 골라야 해요. 그리고 이 주인공이 어떤 재미있는 '모험'을 하거나, 어떤 '문제'를 해결하는지 상상해 봐요. 상상력을 마음껏 펼쳐 보세요!

어떤 글을 입력한 뒤 챗GPT에게 내용을 요약해 달라고 할 수도 있어. 아주아주 긴 글인데, 여러 번 읽어도 내용이 이해가 가지 않을 때, 요약을 부탁하는 거야. 그리고 내가 읽은 내용과 비교해 보는 거지.

고등학생 언니 오빠들의 아주 긴 수학능력 시험 언어영역 문제를 입력해도 마치 정답을 본 것처럼 아주 유창하게 답하고 요약해 주기까지 해.

외국어는 말할 것도 없어. "Hello!" 영어로 물어보면 "Hello!" 영어로 답하고, "안녕?" 한국어로 물어보면 "안녕!" 한국어로 답해. 또 한글로 쓰고 영어로 번역해 달라고 해도 번역해 주지. 챗GPT는 영어, 스페인어, 한국어, 중국어, 일본어, 프랑스어 등 100여 개 나라의 언어를 모두 학습했어. 물론 영어와 같은 주요 언어는 아주 유창하게 잘하지만 한국어나 그 밖의 언어는 학습이 더 필요하지만 말이야.

🕷 Bonjour!

🤖 Bonjour! Comment puis-je vous aider?

🕷 조금 전에 뭐라고 말한 거야?

🤖 조금 전에 제가 말한 것은 'Bonjour! Comment puis-je vous aider?'예요. 이건 프랑스어로 '안녕하세요! 어떻게 도와드릴까요?' 라는 뜻이에요.

이제 챗GPT가 무엇을 잘하는지 알 것 같지?

🕷 네가 무엇을 가장 잘하는지 답해 줘.

🤖 안녕하세요, 친구들! 제가 가장 잘하는 건 정보 찾기와 질문에 대답하는 거예요.

예를 들어 여러분이 학교에서 배우는 수학 문제가 어렵다면 저한테 물어봐도 돼요. 혹은 공룡에 대해 궁금한 점이 있거나 멀리 떨어진 나라에 대한 정보를 알고 싶다면 그것도 물어볼 수 있어요.

또한 여러분이 이야기나 동화를 쓰고 싶은데 영감이 필요하다면, 저와 함께 재미있는 이야기를 만들어 볼 수 있어요.

하지만 저는 사람처럼 감정을 느끼지 못하고, 새로운 경험도 할 수 없어요. 그래서 친구와 놀기, 농구하기, 그림 그리기 같은 건 할 수 없답니다.

여러분이 무엇이든 도움이 필요하면 언제든지 저에게 말해 주세요. 함께 배우고, 재미있는 시간을 보내요!

설마 챗GPT 대신 사람이 답을 하는 건 아니죠?

좀 이상해요. 챗GPT가 말을 너무 잘하잖아요. 혹시 사람이 보이지 않는 곳에서 답을 해 주는 것은 아닐까요? 인공 지능이 이렇게 말을 잘하면, 사람인 척하고 채팅하면 어떻게 하죠? 채팅하면서 인공 지능과 사람을 구별할 수 있을까요'?

합리적인 의심이야!

컴퓨터가 나오기 훨씬 전에 자동으로 체스를 두는 기계가 있었어. '메케니컬 터크'라는 기계야. 얼마나 체스를 잘 두었던지 나폴레옹도 이 기계와 체스를 둘 정도였어. 그런데 기계가 체스를 잘 두니까 사람들이 의심하기 시작했어. 기계 안에 사람이 있는 것은 아닐까 하고 말이야.

정말 기계 안에 사람이 있었을까? 우습게도 그 기계 안에는 정말 사람이 있었어. 그것도 체스를 아주 잘 두는 체스 마스터가! 나중에 밝혀지기는 했지만, 많은 사람이 같이 체스를 두면서도 몰랐다는 게 놀랍지?

그렇다면 챗GPT 뒤에도 사람이 있는 것은 아닐까? 챗GPT와 몇 번 대화해 보면 정말 사람처럼 말을 잘하는 것을 알 수 있어. 거의 모든 인사말에 적절히 답하고, 존댓말이나 사투리를 써도 알아들어. 또 실수로 글자를 틀려도 찰떡같이 제대로 알아차리지.

걱정 마. 챗GPT 뒤에서 사람이 대신 답하는 것은 아니야. 그저 사람처럼 말을 아주 자연스럽게 하는 기계일 뿐이지.

그런데 한편으로는 걱정도 되지? 이러다 대화 상대가 챗GPT인지 사

람인지 구별하기가 힘들어지고, 영화 속 이야기처럼 인공 지능이 사람인 척하고 말하는데 모두가 속아 넘어가면 어떻게 하나 걱정이 될 거야. 더 나아가 인공 지능이 인간을 지배하는 상상도 해 보게 돼.

인공 지능의 창시자라고 불리는 앨런 튜링도 이런 걱정을 했나 봐. 인공 지능과 사람을 구별할 수 있는 '튜링 테스트'를 만들었거든.

🦀 튜링 테스트가 뭐야?

🤖 튜링 테스트는 컴퓨터가 사람처럼 이야기할 수 있는지 확인하는 실험이에요. 사람이 컴퓨터와 대화를 하고, 컴퓨터의 대화가 진짜

사람 같으면, 컴퓨터가 테스트를 통과한 거예요! 이건 컴퓨터가 얼마나 똑똑한지 알아보는 방법이라고 생각하면 돼요.

앨런 튜링은 이 테스트를 통과하면 '생각할 수 있는 인공 지능'이라고 주장했어. 하지만 좀 이상하지? 말만 잘하면 정말 생각한다고 할 수 있을까? 챗GPT는 말을 아주 잘하는데, 그럼 사람처럼 생각한다고 할 수 있을까? 그래서 언어학자 존 설은 다음과 같은 실험을 생각해 냈어. 이것을 '중국어방 논증'이라고 하지.

중국어방 논증이 뭐야?

중국어방 논증은 컴퓨터와 인간의 인공 지능을 비교하는 논의예요. 예를 들어 중국어를 모르는 사람에게 중국어로 된 메시지를 주고, 그 사람이 사전과 규칙을 사용해서 다른 중국어로 답변을 할 수 있다고 생각해 보세요. 하지만 그 사람은 실제로 중국어를 이해하지 못해도 그렇게 답변을 할 수 있어요. 이를 통해 중국어를 이해하지 못하는 컴퓨터도 사람처럼 대화하는 것처럼 보일 수 있다는 주장이에요. 하지만 사실은 그 컴퓨터는 중국어를 진짜로 이해하지 못하고, 단순히 규칙을 따라 대화를 하는 거예요. 이런 논증은 인공 지능의 진정한 이해와 지능에 대한 의문을 제기해요.

언어의 규칙만 보고 답을 한 것을 정말 이해했다고 할 수 있을까? 만약 어떤 외계인을 만났을 때 그 외계인이 이런 기호를 적어 준다면 답을 할 수 있는지 생각해 봐.

△■△△■△△△■■△△■△△■
➡ △△△■■( )

첫 줄은 세모와 네모로 이루어져 있고, 다음 줄은 맨 마지막이 괄호로 되어 있어. 괄호 안에 무엇을 넣으라는 이야기 같은데, 과연 어떤 것이 들어갈까? 맞아, ■야. ■는 △의 개수를 따라 하고 있어. 이 규칙을 알아차렸다면 이제 우리가 외계인의 언어를 이해했다고 말할 수 있을까?

그렇지 않아. 우리는 규칙을 찾아 답을 할 수는 있지만, 그 뜻을 알지는 못해. 튜링 테스트로는 기계와 사람을 완벽하게 구별하지 못한다는 이야기이기도 해.

챗GPT를 개발한 오픈AI에서는 비공식적으로 이 인공 지능이 튜링 테스트에 통과했다고 말했어. 하지만 외계인의 기호에 답한 우리를 생각해 봐. 챗GPT도 단어를 연결해서 말을 할 뿐 내용을 이해한다고 볼 수는 없어. 모든 답을 옳게 말하는 것도 아니지. 그.러.니.까. 챗GPT를 아직 생각하는 기계라고 하기에는 어렵다는 말씀!

중요한 것은 사람들이 챗GPT를 보고 다시 한번 생각하게 되었다는 거야. 인공 지능은 점점 똑똑해지고 있고, 이런 인공 지능을 사람과 구별할 수 있는 새로운 방법이 필요하다고 말이야.

챗GPT는 어떻게 이 모든 걸 할 수 있나요?

챗GPT는 질문에 척척 답을 하고, 글도 써 주고, 번역도 잘해요. 계획도 세워 주고, 수학 문제도 풀 수 있어요. 우아, 어떻게 이 모든 걸 할 수 있죠? 사람이 답을 하는 것도 아닌데, 도대체 어떻게 이 모든 걸 잘하는 거예요?

챗GPT 전에도 우리는 인공 지능과 대화했어. 스마트폰에 있는 인공 지능 비서나 인공 지능 스피커, 혹은 인터넷 쇼핑몰 고객 센터의 챗봇과 말이야. 하지만 이들은 정해진 답만 하거나 우리가 평소 말하는 것과 달리 어색하게 말을 했어.

🦀 챗봇이 뭐야?

🤖 챗봇은 컴퓨터 프로그램이에요. 그리고 우리와 대화를 할 수 있죠. 우리가 질문을 하면 챗봇은 답변을 해 줄 수 있어요. 챗봇은 인간

처럼 생각하지는 않지만, 우리의 질문에 대답하거나 도움을 줄 수 있어요. 그래서 우리와 대화를 나누는 데 사용되기도 해요.

그러나 챗GPT는 존댓말이나 사투리도 알아듣고, 실수로 틀린 글자를 입력해도 찰떡같이 알아들어. 게다가 사람처럼 자연스럽게 말을 해.

챗GPT가 언어로 많은 것을 할 수 있는 것은 사람처럼 자연스럽게 말하는 법을 배웠기 때문이야. 자연스럽게 말하기 위해 자연어 처리 기술과 대규모 언어 모델을 사용해서 학습했지.

자연어 처리 기술이 뭐야? 쉽게 설명해 줘.

자연어 처리 기술은 컴퓨터가 우리가 평소에 쓰는 말이나 언어를 이해하고 처리하는 방법이에요. 컴퓨터는 우리가 쓰는 문장을 읽고 그 의미를 파악하며, 그에 맞는 답변이나 정보를 제공해 줄 수 있어요. 그래서 우리가 컴퓨터와 대화하거나 검색 엔진에서 검색할 때 우리의 질문이나 요구를 이해하고 처리할 수 있어요.

그러기 위해 챗GPT는 오랫동안 아주 많은 데이터를 학습했어. 마치 무림 고수가 되기 위해 끊임없이 연습하는 수련생처럼. 뉴스 기사, 웹 페이지, 책, 학술 논문, 대화 기록 등 엄청나게 다양하고 많은 언어 데이터를 학습했지. 여기에는 빅 데이터라고 불리는 많은 정보도 포함돼. 채팅

앱에서 나눈 대화뿐만 아니라 우리가 챗GPT와 나눈 대화까지 말이야.

이런 데이터에서 수집된 수억 개에서 수조 개에 이르는 문장과 단어를 학습했어. 예를 들어 '사과를' 다음에 어떤 단어가 가장 많이 나오는지를 분석해서 문장을 만들어. 만약 '사과를' 다음에 '먹다'가 가장 많이 나왔다면 '사과를 먹다.'라는 문장이 완성되는 것이지.

> '사과를' 다음에 가장 많이 오는 말은 뭐야?

> '사과를' 다음에 많이 오는 말은 '먹다'예요. 그래서 '사과를 먹다.'가 되죠. '먹다'는 무언가를 먹는 행동을 나타내는 말이에요.
> 사과는 맛있는 과일이잖아요? 건강에도 좋고, 많은 사람이 좋아해요. '나는 사과를 먹는 것을 좋아해!'처럼 말할 수도 있고, '오늘 학교에서 사과를 먹었어.'처럼 말할 수도 있어요.
> 여러분도 사과 먹는 걸 좋아하나요?

그랬더니 이전에 문법 위주로 언어를 가르쳤을 때보다 단어끼리의 관계도 잘 알아내고, 학습 속도도 빨라지고, 말도 훨씬 잘하게 되었어. 긴 문장, 복잡한 문장, 애매하게 쓴 문장도 스스로 이해했어.

이렇게 챗GPT는 수많은 데이터를 가지고 스스로 학습을 했어. 바로 인공 지능의 학습 방법인 기계 학습이지.

🦀 기계 학습이 무슨 뜻이야? 쉽게 설명해 줘.

🤖 기계 학습은 컴퓨터가 스스로 학습하는 방법이에요. 그래서 컴퓨터가 데이터를 보고 규칙을 배우고, 패턴을 파악하며, 문제를 해결하는 방법을 스스로 개발할 수 있어요. 예를 들어 사진을 보여 주면 컴퓨터는 그 안에 무엇이 있는지 알 수 있고, 음성을 들으면 말하는 내용을 이해할 수도 있어요. 이런 학습은 컴퓨터가 점점 더 똑똑해지고 우리에게 도움이 되는 기술이에요.

    인공 지능은 기계 학습을 할 때 선생님의 지도 없이 스스로 학습하기도 하고, 선생님의 지도에 따라 학습하기도 해.

    인공 지능을 학습시키는 것이 내가 공부하는 것보다 어려워 보인다고? 하지만 원리는 간단해.

    요즘은 인공 지능에게 '사과는 빨간색이야.' '하늘은 파란색이야.'라고 일일이 가르쳐 주지 않아. 수많은 데이터 속에서 스스로 학습해서 '사과는 빨간색이야.'라고 알아내게 하지. 마치 우리가 책을 읽고 스스로 학습하는 것처럼 말이야. 이런 학습 방법을 '비지도 학습'이라고 해. 바둑으로 유명한 인공 지능 알파고뿐만 아니라 대부분의 똑똑한 인공 지능이 학습한 방법이야. 무엇이든 스스로 학습이 최고인가 봐!

    여기에 챗GPT는 더 똑똑해지기 위해 다음 단계를 거쳐. 개발자들의 지도를 받아 '지도 학습'을 하는 것이지.

먼저 "2+1=?"은 하고 물으면 "3"이라고 답하는 것처럼 질문에 적절한 답을 하는 연습을 해. 사실 우리도 시험 보기 전에 친구와 서로 물어보며 점검하잖아. 그러면 어떻게 답을 해야 할지 더 잘 알게 되지.

또한 어떤 말을 쓰면 안 되는지, 욕설이나 차별하는 말과 같은 옳지 못한 말에 대한 기준을 정해 따로 학습해. 우리가 처음 만나는 친구에게 어떻게 말해야 하는지, 친절하게 말하는 법을 배우듯이 말이야. 인공 지능이라고 해서 아무 말이나 하면 안 되니까. 그리고 다양한 분야의 수많은 언어 데이터를 기억해서 어떤 질문에도 척척 답할 수 있는 똑똑한 인공 지능이 되었지.

🕷 챗GPT가 사람들과 대화하는 데 있어 지켜야 할 규칙이 있어?

🤖 저는 사람들과 대화할 때 몇 가지 중요한 규칙을 따라야 해요.

- **친절하게 대화하기**

    저는 모두에게 친절하게 말해야 해요. 그래서 저랑 대화하는 사람이 기분 좋게 느껴지도록 해야 하죠.

- **정보를 제공하되 조심스럽게**

    저는 많은 정보를 알고 있지만, 때로는 오래된 정보일 수도 있어요. 그래서 사람들에게 제 말을 100퍼센트 믿지 말고 다른 곳에서도 확인해 보라고 조언해요.

- **개인 정보 묻지 않기**

    사람들의 이름이나 어디에 사는지 같은 개인 정보를 묻거나 공유하는 것은 안 돼요. 개인 정보는 소중하니까 보호해야 해요.

- **안전하게 대화하기**

    저는 사람들이 안전하게 느껴지도록 도와야 해요. 예를 들어 누군가가 위험한 일을 하려고 한다면, 다른 사람에게 도움을 청하라고 조언해야 해요.

- **존중하는 태도 유지하기**

    저는 다양한 사람들과 대화하고, 모두의 의견과 문화를 존중해야 해요.

이렇게 저는 사람들과 재미있고 유익한 대화를 나누면서도, 모두가 행복하고 안전하게 느껴질 수 있도록 도와야 한답니다.

왜 챗GPT를
생성형 인공 지능이라고 불러요?

생성? 무엇을 만들어 낸다는 뜻 아니에요? 챗GPT가 종이접기를 하거나 멋진 조각품, 멋진 물건을 만들어 내지는 않잖아요. 그런데도 사람들은 챗GPT를 생성형 인공 지능이라고 불러요. 챗GPT는 말을 아주 잘하기 때문에 대화형 인공 지능 아닌가요?

맞아. 챗GPT는 사람과 대화를 나누며 정보를 제공하는 대화형 인공 지능이야. 하지만 생성형 인공 지능이기도 하지. 이미 있는 내용을 그대로 말하는 것이 아니라 새롭게 내용을 만들어서 대답하거든. 어떤 물건을 직접 만들지는 않지만, 전에 없던 생성물을 새로 만들어 내기 때문에 생성형 인공 지능이라고 부르는 거야.

생성형 인공 지능은 자신만의 음악, 그림, 이야기를 만들 수 있어. 우리가 주는 정보나 지시에 따라 새로운 음악을 만들 수도 있고, 아름다운 그림을 그릴 수도 있지.

물론 생성형 인공 지능이라고 해서 세상에 없던 것을 '짠!' 하고 만들 수는 없어. 그동안 학습한 수많은 데이터에서 필요한 부분을 뽑아내어 원하는 답을 만들어. 하지만 이전의 인공 지능이 날씨나 버스 올 시간같이 주어진 데이터를 그대로 말하는 것과는 분명 다르지.

이런 생성형 인공 지능에는 글을 입력하면 그림을 그려 주거나 음악을 작곡해 주는 것도 있어. 전에 없던 그림을 그려서 미술 대회에서 상을 타기도 하고, 베토벤이 마무리하지 못한 교향곡을 완성하기도 하지.

챗GPT는 언어로 결과물을 만들어 내. 질문에 대한 답은 기본이고, 긴 글을 지어내기도 하고, 시를 쓸 수도 있어. 이메일을 어떻게 보내야 하는지 알려 주기도 하고, 연극 대본도 쓰지. 심지어 컴퓨터 언어로 코딩도 해 준다니까!

다음에 어떤 알파벳이 오는지 알려 주는 코딩을 해 줘.

다음에 오는 알파벳을 알려 주는 간단한 코딩을 여기에 작성해 볼게요.

```python
python Copy code
current_alpha = input("현재 알파벳을 입력해 주세요: ")
next_alpha = chr(ord(current_alpha) + 1)
```

print("다음 알파벳은", next_alpha, "입니다.")

위의 코드를 실행하면 사용자로부터 현재 알파벳을 입력받고, 그 다음 알파벳을 계산해서 출력해 줘요. 예를 들어 'A'를 입력하면 'B', 'D'를 입력하면 'E'를 출력해 줍니다.

이 코드는 파이썬으로 작성된 간단한 예시일 뿐이며, 다른 프로그래밍 언어로도 비슷한 방식으로 구현할 수 있어요.

이제 글로 명령만 하면 무엇이든 만들어 주는 세상이 왔어. 챗GPT 덕분에 말이야. 그렇다면 우리는 이 생성형 인공 지능을 어떻게 활용하는 것이 좋을까? 내가 원하는 것을 얻기 위해서는 어떻게 명령하는지를 알아야 해. 내가 원하는 것이 무엇인지를 정확히 알고 그것을 구체적으로 글로 표현해야 나만의 독창적인 결과물을 얻을 수 있어.

잊지 마, 생성형 인공 지능 시대에 중요한 것은 '잘 질문하는 법'이라는 것을 말이야.

다음은 챗GPT의 도움을 받아 엄마의 생일 파티를 준비하는 과정을 정리한 거야. 파티에서 하면 좋은 게임, 케이크 만들기, 일주일 파티 계획 세우기, 초대장 만들기 등 파티 준비에 필요한 과정을 담았어. 각 과정에서 챗GPT에게 어떻게 질문해야 하는지 잘 살펴보도록 해.

엄마의 생일 파티 준비하기

먼저 엄마의 생일 파티를 언제, 어디서 하고 누구를 초대할지를 결정해야 해. 그런 다음 챗GPT에게 생일 파티에서 무엇을 하면 좋을지를 물어보는 거야. 이때 내가 어린이이고, 누구를 위한 파티인지를 알려 줘야 해. 그래야 어린이가 할 수 있는 파티 준비를 알려 줄 수 있으니까.

- 다음 주 일요일 정오에 집에서 엄마의 생일 파티를 하려고 해. 할아버지, 할머니, 이모와 삼촌을 초대할 거야. 파티에서 무엇을 하면 좋을지 다섯 가지 정도 추천해 줘.
- 엄마의 생일 파티를 준비하는 것은 정말 멋진 일이에요! 엄마를 행복하게 하고 가족들과 즐거운 시간을 보낼 수 있는 다섯 가지 활동을 추천할게요.

- 사진 추억 공유
- 요리 만들기
- 가족 노래방
- 가족 퀴즈 게임
- 선물과 카드 전달

이렇게 준비한 활동들로 엄마의 생일 파티를 특별하게 만들어 보세요. 엄마도 당신이 이렇게 준비한 것에 감동할 거예요.

이 중에서 가족 퀴즈 게임을 선택했다면, 가족 퀴즈 게임에서 무엇을 해야 하는지 물어볼 수도 있어.

🕷 가족 퀴즈 게임을 하고 싶어. 게임 규칙을 어떻게 하면 좋을까?
🤖 가족 퀴즈 게임은 정말 재미있고, 가족들과의 유대감을 강화하는 데 좋은 활동이에요. 아래는 게임을 진행하는 방법이에요.

- 질문 준비
  먼저 엄마에 관한 질문을 몇 개 준비해 주세요. 예를 들어 "엄마가 좋아하는 음식은 무엇인가요?" "엄마의 어린 시절 별명은 무엇인가요?" 등입니다. 이 질문들을 카드에 적어 주세요.

- 팀 나누기

가족들을 두 팀으로 나눕니다. 한 팀은 엄마를 포함하고, 다른 팀은 엄마를 제외한 가족들로 구성할 수 있습니다. 또는 엄마를 심판으로 두고, 나머지 가족들을 두 팀으로 나눌 수도 있습니다.

- 게임 진행

한 팀에서 질문 카드를 하나 뽑아서 읽으면 다른 팀이 답을 맞힙니다. 답을 맞히면 그 팀에게 점수를 줍니다.

- 타이머 설정

각 질문에 대해 답을 맞히는 데는 시간제한을 두는 것이 좋아요. 예를 들어 30초 내로 답을 말해야 하는 거예요.

- 보너스 라운드

게임 중간에 보너스 라운드를 하나 두는 것도 재미있을 거예요. "엄마가 어릴 때 가장 좋아했던 취미는 무엇인가요?"와 같은 어려운 질문을 해서 맞히면 더 많은 점수를 얻도록 하는 것이죠.

- 점수 집계

질문 카드를 모두 뽑으면 각 팀의 점수를 집계합니다. 점수가 높은 팀이 이깁니다.

- 상품

게임이 끝난 후 승리한 팀에게는 작은 상품을 주는 것도 좋은 아이디어예요. 상품은 과자나 스티커 같은 간단한 것으로 해도 좋아요.

이렇게 게임을 진행하면 가족들과 즐겁고 의미 있는 시간을 보낼 수 있어요. 특히 이 게임을 통해 서로에 대해 더 많이 알아 가는 것

이 중요하죠!

엄마의 생일 선물로 케이크 만드는 법을 물어볼 수도 있어.

🧒 엄마의 생일 케이크를 만들려고 해. 카스텔라 빵을 사서 생일 케이크 만드는 법을 알려 줘.

🤖 카스텔라 빵을 사용하여 생일 케이크를 만드는 것은 쉽고 재미있는 방법이에요. 재료도 간단하고 복잡한 과정 없이 아름답고 맛있는 케이크를 만들 수 있어요.

필요한 재료

카스텔라 빵 1~2개, 생크림(휘핑크림)

설탕(선택 사항. 크림에 단맛을 더하고 싶을 때 사용)

신선한 과일(딸기, 바나나, 블루베리 등)

초콜릿 시럽 또는 누텔라(선택 사항)

만드는 방법

- 준비

  카스텔라 빵을 준비하고, 과일들은 씻어서 플라스틱 칼로 자르세요.

- 크림 만들기

생크림을 그릇에 담아 거품기로 저어 주세요. 단맛을 더하고 싶으면 설탕 적당량을 넣고 함께 저어 주세요. 크림이 공기를 많이 흡수하여 부드럽게 되면 완성이에요.

• 케이크 조립
카스텔라 빵 위에 휘핑크림을 바르고 그 위에 과일을 얹어 주세요. 또 다른 층에 카스텔라 빵을 올리고 그 위에도 휘핑크림과 과일을 올리세요. (만약 카스텔라 빵을 두 개 사용한다면 이 과정을 반복하세요.)

• 장식
케이크의 맨 위층에도 휘핑크림을 바르고 다양한 과일로 장식하세요. 누텔라나 초콜릿 시럽으로 추가적인 장식을 할 수도 있어요.

• 냉장고에 보관
완성한 케이크를 냉장고에 30분 정도 넣어 크림이 굳도록 해 주세요.

• 내기
케이크를 냉장고에서 꺼내고, 생일 초를 꽂아서 엄마에게 서프라이즈로 선물하세요! 가족이 같이 생일 축하 노래를 부르며 즐거운 시간을 보내세요.

주의

부엌에서 작업할 때는 조심하세요. 과일 자르기나 생크림 거품 내기와 같은 작업을 할 때는 어른에게 도움을 청하세요. 행운을 빕니다!

그럼 이제 다음 주 생일 파티를 위한 준비를 시작해야겠지? 생일 파티 계획을 세우는 것도 챗GPT가 도와줄 수 있어.

🐵 다음 주 일요일 엄마의 생일 파티를 위해 무엇을 준비하면 좋을지 일주일의 계획을 세우는 것을 도와줘.

🤖 물론이죠! 엄마의 생일 파티를 위해 주도적으로 준비하는 건 정말 멋진 일이에요. 일주일 동안 할 수 있는 준비 계획을 아래에 세워봤어요. 어른들에게 도움을 청하면서 진행하는 것이 좋아요.

[월요일 D-6]
파티 주제 결정: 파티에 특별한 주제를 정하세요. 예를 들어 꽃이나 해변, 엄마가 좋아하는 색상 등으로 주제를 정할 수 있어요.
손님 명단 만들기: 초대할 사람들의 명단을 작성하세요. 할아버지, 할머니, 이모, 삼촌 등을 포함하세요.

[화요일 D-5]
초대장 만들기: 가족들에게 파티 초대장을 보내세요. 직접 손으로 쓰거나 컴퓨

터로 만들 수 있어요.

장소 확인: 파티를 집에서 열 예정이라면 어떤 공간을 사용할지 생각해 보세요.

[수요일 D-4]

메뉴 계획: 엄마가 좋아하는 음식과 간식을 골라 파티 메뉴를 계획하세요.

케이크 준비: 엄마가 좋아하는 케이크를 사거나 직접 만들 계획을 세우세요.

[목요일 D-3]

장식물 준비: 파티 장식을 위한 배너, 풍선, 꽃 등을 준비하세요. 파티 주제에 맞춰서 고르세요.

퀴즈 게임 질문 준비: 가족 퀴즈 게임을 할 계획이라면 엄마에 관한 질문을 준비하세요.

[금요일 D-2]

음식 재료 준비: 파티에서 만들 음식의 재료를 미리 준비하세요. 어른과 함께 가서 준비해도 좋아요.

[토요일 D-1]

장소 정리: 파티할 공간을 정리하고, 필요한 가구들을 배치하세요.

장식하기: 풍선이나 배너 등으로 공간을 장식하세요.

[일요일 파티 당일]

음식 만들기: 파티 전에 음식을 만드세요. 어른들에게 도움을 청해도 좋아요.

초대장을 이메일로 보내고 싶은데 어떻게 써야 할지 모른다면 챗GPT의 도움을 받을 수도 있어.

가족들에게 엄마의 생일 파티에 초대한다는 초대장을 이메일로 보내려고 해. 이메일을 어떻게 작성하면 좋을까? 시간은 다음 주 일요일 낮 12시, 장소는 우리 집이야. 이메일 작성하는 법을 알려 줘.

물론이죠! 이메일 초대장을 작성할 때는 정중하고 친근한 어조를 사용하는 것이 좋아요. 아래는 초대 이메일의 예시입니다. 이 예시를 참고하여 직접 이메일을 작성해 볼 수 있어요.

제 목: [초대] 엄마의 특별한 생일 파티에 초대합니다!

본 문: 안녕하세요. [가족 이름. 예: 할아버지, 할머니, 이모, 삼촌]

사랑하는 엄마의 생신을 기념하여 특별한 파티를 준비했어요! 이날을 더욱 특별하게 만들기 위해 가족 여러분을 초대합니다.

날짜: 다음 주 일요일
시간: 낮 12시
장소: 우리 집 [주소 기재]

엄마는 가족과 함께하는 시간을 정말로 소중히 여깁니다. 여러분과 이 특별한 날을 함께 보내는 것은 엄마에게 가장 멋진 선물이 될 거예요. 참석 가능 여부를 알려 주시면 감사하겠습니다. 그리고 참석 가능하시면 사진을 찍기 위해 카메라를 가져오시면 좋을 것 같아요.
하루빨리 멋진 파티에서 여러분을 만나고 싶어요!

[보내는 사람의 이름]

이메일 초대장에는 파티의 목적, 날짜, 시간, 장소와 함께 참석 여부를 확인하는 문구가 포함되어야 해요. 본문 내용을 직접 쓰고 이메일을 보내기 전에 빠뜨린 내용이 없는지 확인하세요.

챗GPT는 그림을 직접 그리지는 못해. 이때는 그림을 그려 주는 인공 지능인 '미드저니'를 이용할 수도 있어. 원하는 그림을 말하면 그려 줄 거야.

미드저니가 그린 생일 축하 그림

챗GPT가 세상에서 가장 똑똑한가요?

챗GPT가 우리 집 인공 지능 스피커보다 똑똑한 것 같기는 해요. 인공 지능 스피커는 음악을 찾아 주거나 날씨를 알려 주는 정도의 일만 하거든요. 챗GPT는 도대체 얼마나 똑똑한가요? 설마 지금까지 나온 인공 지능 중에서 가장 똑똑한 것은 아니죠? 알파고도 있잖아요!

우리 주변에 어떤 인공 지능이 있을까? 스마트폰 인공 지능 비서와 인공 지능 스피커! 말만 하면 채널을 틀어 주거나, 날씨나 음악 등을 검색해 주기도 해. 암을 진단하는 인공 지능도 있어. 또는 변호사로 일하거나 유명 화가처럼 그림을 그리고, 베토벤을 이어 교향곡을 작곡하지. 기사를 작성하거나 유전자 구조를 밝힌 인공 지능도 있어.

인간을 이긴 인공 지능도 있지. 바로 1997년 체스 대회에서 처음으로 인간을 이긴 인공 지능 '딥블루', 2011년 유명 퀴즈 쇼에서 우승을 차지

한 '왓슨'처럼 말이야. 그리고 2016년 바둑에서 이세돌 9단을 이긴 '알파고'는 모르는 친구가 없겠지?

'알파고'가 뭐야?

알파고는 인공 지능 기술을 사용하여 바둑을 두는 컴퓨터 프로그램이에요. 바둑은 매우 어려운 게임인데, 알파고는 전 세계 최고의 바둑 선수들과 경기를 하고 이기는 능력을 갖추고 있어요. 알파고는 자기 경험과 데이터를 학습하여 계속해서 더 나은 수를 둘 수 있게 되었죠. 이렇게 알파고는 인간보다 더 잘 바둑을 두는 인공 지능이에요.

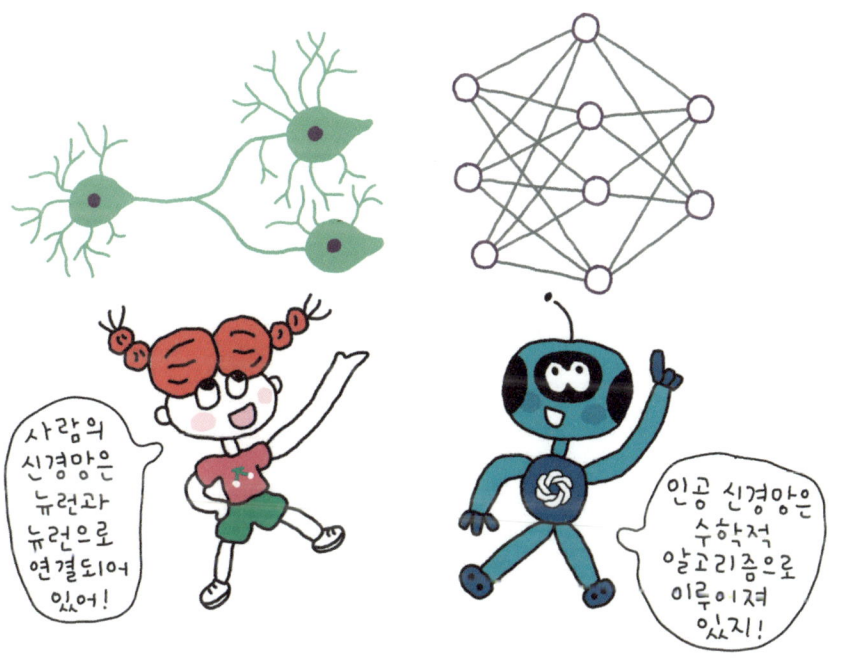

그럼 이 인공 지능들은 똑똑할까? 당연하지! 사람의 뇌와 똑같이 설계했거든. 사람 뇌에서 신경 세포인 뉴런이 다른 뉴런과 연결해 정보를 전달하는 것처럼 말이야. 뉴런과 뉴런이 연결을 이루는 부분을 '시냅스'라고 해. 이런 시냅스가 수백조 개나 되어 복잡한 망을 이루는데, 이것을 신경망이라고 하지. 몸 밖에서 자극이 주어지면 이 정보를 뇌로 전달해 판단하고, 반응하고, 생각도 하고, 우리 몸의 기능을 조절해.

이런 인간의 신경망을 본떠 만든 것이 인공 신경망이야. 인간의 뉴런에서 전기 신호로 정보가 전달되는 것을 본떠 수학적인 알고리즘으로 나타낸 것이지. 인공 신경망은 동시에 연산할 수 있도록 연결해서 빠르고 정확하게 정보를 처리해.

케이크를 만들 때를 생각해 봐. 가장 맛있는 케이크를 만들기 위해 재료의 양을 조절하는 것처럼, 정보의 양을 조절해 최적의 값을 찾아내. 이때 케이크 재료의 양을 조절하는 역할을 하는 것이 우리 뇌에서는 시냅스, 인공 신경망에서는 '파라미터(함수의 가중치를 조절한다고 해서 '매개 변수'라고도 해.)'야. 시냅스의 연결이 많으면 똑똑해지듯이 파라미터가 많을수록 똑똑해.

GPT-3는 파라미터의 수가 약 1750억 개, GPT-4는 그보다 훨씬 많다고 하니 제법 똑똑하게 느껴지는 거야. 참고로 사람 뇌의 시냅스 수는 100조 개 정도 되지.

그래, 맞아. 앞에서 말한 인공 지능들은 사람의 뇌를 본떠 만들어서 아주 똑똑해. 그럼 인간을 이긴 딥블루나 알파고가 더 똑똑한 인공 지능일까? 아니면 앞으로 인류의 건강을 책임질 의료 인공 지능 왓슨이나 유전자 구조를 밝혀낸 알파폴드가 더 똑똑할까?

모두 뛰어난 성능을 자랑하지만, 중요한 것은 그 인공 지능들은 한 분야에서만 우수한 능력을 발휘했다는 거야. 알파고가 바둑에서는 최고지만, 나와 이야기조차 나눌 수 없어.

그에 비해 인간은 모든 면에서 잘하지는 못하지만 노래도 부르고 글도 읽고 말도 하고 그림도 그리는 등 두루두루 할 수 있어. 이처럼 한 가지 분야에서만이 아니라 다양한 분야에서 능력을 발휘할 수 있는 인공 지능을 이르는 말이 있어. 범용 인공 지능이지.

아직 개발된 범용 인공 지능은 없어. 하지만 많은 개발자가 범용 인공 지능을 개발하기 위해 노력하고 있지.

사람들이 챗GPT가 가장 똑똑한 인공 지능일 거라고 말하는 것은 범용 인공 지능에 가까워졌다고 생각하기 때문이야. GPT-4가 미국 모의 변호사 시험과 미국 수학능력 시험의 국어와 수학에서 상위 10퍼센트의 성적을 받은 것과도 관련 있어. 새로운 대화를 생성해 낼 수 있고, 다양한 언어로 여러 가지 일을 할 수 있다는 이야기니까.

 범용 인공 지능이 개발되면 무엇이 달라질까?
 범용 인공 지능은 컴퓨터나 로봇이 사람처럼 여러 가지 일을 할 수 있는 똑똑한 기술을 말해요. 지금까지 인공 지능은 특정한 일, 예를 들어 사람의 얼굴을 인식하는 것이나 게임을 잘하는 것에만 뛰어났는데, 범용 인공 지능은 마치 사람처럼 다양한 일을 잘 해낼 수 있죠.

범용 인공 지능이 나오면 우리 생활은 꽤 많이 달라질 거예요. 집에서는 로봇이 숙제를 도와주거나 요리를 해 주고, 청소도 해 줄 수 있어요. 학교에서는 컴퓨터가 여러분의 공부를 더 재미있게 도와줄 수도 있고, 어려운 문제도 같이 풀어 볼 수 있을 거예요.

하지만 범용 인공 지능이 많은 일을 도와줄 수 있지만, 여전히 사람의 감정이나 창의력처럼 인간만이 할 수 있는 일들도 많아요. 그래서 우리는 기술과 함께 더 멋진 세상을 만들기 위해 서로 도와야 한답니다.

기억하세요. 기술은 놀라운 도구일 뿐이에요. 중요한 건 우리가 그 기술을 어떻게 사용하는지, 좋은 일에 쓰는지예요.

미드저니가 그린 '어린이의 친구 인공 지능' 그림

어쩌면 챗GPT가 사람들의 생각을 훔쳐 가는 것은 아닐까요?

제가 쓴 동시, 아니, 제가 챗GPT로 쓴 동시를 발표했어요. 선생님이 잘 썼다고 교실 뒤 게시판에 걸어 두셨어요. 그런데 제 심장이 쿵쾅거리는 거 있죠? 제가 어떻게 써 달라고 주문하긴 했지만, 이거 제가 썼다고 해도 돼요? 혹시 다른 친구에게도 똑같은 글을 써 주면 어떻게 하죠?

만화에서처럼 숙제를 척척 해 주고, 시험도 대신 봐주고, 하기 싫은 일을 다 해 주는 로봇! 그런 로봇에게 숙제를 모두 맡겨 버리고 신나는 게임이나 하면 좋겠지? 이제 정말 그런 세상이 온 걸까?

하지만 요즘 챗GPT 때문에 시끌시끌해. 국내의 한 대기업에서는 챗GPT로 쓴 자기소개서를 탈락시켜야 하나 고민하고 있어. 미국의 한 소설 공모전에서는 챗GPT로 쓴 글을 단호하게 탈락시키기도 했지. 그리고 많은 대학에서는 챗GPT로 쓴 보고서를 인정하지 않기로 했어. 반면에 어떤 소설가는 챗GPT로 소설을 쓰고, 어떤 화가는 인공 지능으로 그림을 그려. 맞아, 아직은 좀 혼란스러워.

그런데 이런 경우를 생각해 봐. 요즘은 그림을 그릴 때 붓과 물감 대신 여러 가지 도구로 디지털 기기에 그려. 붓 자국을 하나하나 내 가며 색칠하는 게 아니라 그림 도구로 색칠하는 거야. 그래도 개인의 창작물로 인정받고 있잖아. 그럼 챗GPT에 명령해서 쓴 글은 내 창작물이라고 할 수 있을까?

이때 살펴보아야 할 것이 바로 저작권이야. 저작권은 창작물의 가치를 인정하고, 창작자의 권리를 보호하고자 하는 권리를 말해. 우리나라에서는 인간의 사상 또는 감정을 표현한 창작물을 저작권 보호 대상으로 보고, 미국에서는 인간의 창작물만 저작권으로 보호받는다고 해석하고 있어. 어쨌든 인간의 창작이 들어가야 저작권을 보호받는 거야.

그런데 얼마 전 미국의 한 미술 대전에서 인공 지능인 미드저니가 그린 그림이 대상을 받아서 논란이 됐어. 그럼 인간의 생각이 어느 정도 들어가야 창작이라고 할 수 있을까? 명령어를 입력한 것도 창작이라고 할 수 있까? 앞으로는 저작권의 범위도 달라질 수 있다는 거야.

오픈AI에서는 챗GPT로 만든 콘텐츠도 만든 사람의 것이라고 했어. 다시 말해 챗GPT로 글을 써서 책을 내도 된다는 거야. 그렇다면 챗GPT로 쓴 글은 이제 내 것이라고 해도 될까?

이 경우 세상에 하나밖에 없는 독창적인 창작물이라고 할 수 있는지

미드저니가 그린 〈스페이스 오페라 극장〉

는 생각해 봐야 해. 챗GPT가 수많은 자료를 학습한 뒤 생성물을 만들어 냈다는 것을 기억해? 수많은 데이터를 학습하고 그 데이터에 있는 말을 조합해서 내놓는 것이지. 다시 말해 내가 주문한 대로 글을 써 주기는 하지만 다른 사람들의 글을 가져와서 쓴 글일 수 있다는 거야.

유명한 동화나 노래 가사, 영화, 신문 기사뿐만 아니라 친구나 선생님이 쓴 글을 조합해 썼다면 그 글을 내 것이라고 할 수 있을까? 어려울 거야. 그래서 오픈AI에서도 창작물에 대해 자신의 소유는 아니지만 그 책임은 생성물을 만들어 낸 사람에게 있다고 했어. 모든 다른 창작물처럼 챗GPT의 도움을 받아 쓴 글이라면 꼭 그 사실을 밝혀야 해. 나도 모르게 다른 사람의 글을 가져다 쓴 것일 수도 있고, 잘못하면 남의 창작물을 훔쳐 온 것으로 저작권 문제에 휩쓸릴 수도 있어.

또 다른 저작권 문제도 있어. 요즘 기업에서는 자사의 콘텐츠로 인공 지능을 학습시키려면 저작권료를 내라고 하고 있어. 생각해 봐, 내가 열심히 만든 책과 그림을 인공 지능이 그냥 편집해서 내놓는다면 창작자의 권리가 침해받겠지.

- 챗GPT로 쓴 글은 창작물이라고 할 수 있을까? 쉽고 간단하게 설명해 줘.
- 챗GPT가 쓴 글은 '창작물'이라고 부를 수 있어요. '창작물'이라는 말은 새로운 것을 만드는 것을 의미하죠. 예를 들어 여러분이 그림을 그리거나 짧은 이야기를 쓰면 그것들은 여러분이 만든 창작물이에요.

하지만 챗GPT는 사람처럼 창의적이지 않아요. 챗GPT는 많은 책과 글을 읽어서 정보를 모아 놓고 그걸 바탕으로 글을 써요. 그래서 챗GPT가 쓴 글은 새롭게 만들어진 것이긴 해도 사람이 그림을 그리거나 이야기를 직접 만드는 것처럼 창의적이진 않죠.

따라서 챗GPT가 쓴 글은 어떤 면에서는 창작물이라고 할 수 있지만, 사람이 진짜로 상상력을 발휘해서 만드는 창작물만큼은 아니에요.

그럼 챗GPT에게 숙제를 어떻게 도와달라고 하느냐고? 다양한 글을 쓰는 데 도움을 받을 수는 있어. 자료를 찾거나 이메일 양식을 잘 맞추어 보내려고 할 때 이 생성형 인공 지능에게 물어볼 수 있어.

대신 앞으로 챗GPT를 이용하면서 '꼭' 기억해야 할 것! 챗GPT의 도움을 받아 썼다는 사실을 꼭 밝혀야 한다는 거야.

챗GPT만 있으면 다 되는데 공부할 필요가 있을까요?

'27 나누기 3은?' '곰은 왜 겨울잠을 자?' 챗GPT만 있으면 이런 질문에 답하는 것은 식은 죽 먹기일 것 같아요. 국어도, 수학도, 영어도 척척 답해 주는데 힘들게 숙제할 필요가 있나요? 챗GPT만 있으면 교과서 없이 공부할 수 있고, 학교에 안 가도 될 것 같아요. 그렇지 않나요?

챗GPT는 수학 문제도 풀고,

 27 나누기 3은?
27을 3으로 나누면 9가 됩니다.

과학에 관해 궁금한 점도 알려 줘.

곰은 왜 겨울잠을 자?

곰이 왜 겨울잠을 자는지에 대해 이야기해 줄게요.

우리가 겨울에 밖에 나가면 추워서 두꺼운 옷을 입고 따뜻한 음식을 먹고 싶어 하잖아요? 곰들도 겨울이 되면 너무 추워서 밖에서 먹을 것을 찾기 어려워요. 그래서 곰들은 아주 똑똑한 방법을 생각해 냈어요!

곰들은 겨울이 오기 전에 많이 먹고 배를 채워서 몸이 통통해져요. 그러고 나서 겨울에는 동굴 같은 따뜻한 곳에 숨어서 잠을 많이 자죠. 이렇게 잘 때, 곰들은 마법 같은 일을 하는데, 몸을 천천히 움직이고 숨도 천천히 쉬어서 거의 에너지를 쓰지 않아요. 겨울 동안 곰들은 그동안 먹어 둔 음식으로 배를 채우면서 추운 날씨를 피할 수 있어요.

이렇게 곰들은 똑똑하게 겨울을 보내고, 봄이 오면 다시 밖으로 나

와서 먹을 것을 찾기 시작해요! 멋지지 않아요?

영어로 쓴 문장이 맞는지 확인해 주기도 하지.

🦀 'I am girl.'이 맞는지 확인해 줘.
🤖 'I am girl.' 이 문장은 문법적으로 완전하지 않습니다. 올바른 문장은 'I am a girl.'입니다. 여기서 'a'는 부정 관사로서 '한 명의' 또는 '어떤'을 의미하며 'girl' 앞에 필요합니다.

이렇게 답을 잘해 주는 챗GPT가 있으니까 공부할 때 든든해. 만약 챗GPT의 설명이 어렵다면 "쉽게 설명해 줘!" "이해가 안 가, 자세히 설명해 줘."라고 말할 수도 있어.

🦀 (네가 한 블랙홀 설명이) 너무 어려워. 쉽게 설명해 줘.

🤖 앗, 미안해 친구! 블랙홀에 대해 더 쉽게 설명해 줄게요.

블랙홀은 우주의 한 부분에 있는 거대한 빨대 같아요. 이 빨대가 너무나도 강해서 주변의 모든 것들, 심지어 빛까지도 빨아들이죠. 그래서 블랙홀은 우리 눈에 보이지 않아요. 상상해 봐요, 여러분이 빨대로 주스를 빨아들일 때처럼 블랙홀이 우주의 물질을 빨아들이는 모습을!

블랙홀은 아주 아주 무거운 별이 모두 타고 난 뒤 뭉쳐서 생겨요. 블랙홀이 어떻게 생기고, 어떻게 움직이는지를 연구하는 것은 과학자들이 우주에 대해 더 많이 배우는 데 도움이 돼요.

블랙홀은 마치 우주의 거대한 미스터리 같아요!

하지만 챗GPT가 항상 옳은 답을 말하지 않는다는 것을 알아야 해. 아무리 똑똑한 인공 지능이라고 해도 무작정 믿을 수 없다는 것이지.

만약 챗GPT가 내놓은 답이 잘못된 줄 모르고 그대로 믿었다가는 낭패를 보게 될지도 몰라. 중요한 시험에서 잘못된 답을 적을 수도 있어. 그보다 더 큰 일이 일어날 수도 있어. 코로나19 초기에 소독약을 주사로 넣으면 감염되지 않는다는 잘못된 정보가 퍼졌을 때를 생각해 봐. 잘못된 정보는 시험에서 낮은 점수를 받게 하는 것을 넘어서 우리를 위험에 빠뜨릴 수도 있어.

그래서 우리는 챗GPT 같은 인공 지능이 맞는지 틀리는지 판단할 수 있어야 해. 옳고 그름을 판단하는 능력을 기르려면 공부를 해야 하지. 챗GPT가 엉뚱한 답을 말할 때, "아니야, 틀렸어!"라고 바로잡을 줄 알아야 한다는 이야기야.

아니야, 이게 대님이야!

🦀 남자 한복에서 필요한 대님에 관해 세 문장 이내로 설명해 줘.

🤖 남자 한복에서 대님은 바지를 의미해요. 대님은 보통 넓은 통과 늘어지는 모양으로 만들어져서 움직임이 편하고, 전통적으로는 목화나 비단 같은 소재로 만들어요. 대님은 상의인 저고리와 함께 입으면 한국 전통 의상의 기본 형태가 완성되죠.

🦀 아니야, 틀렸어. 대님은 남자 한복 바지의 바짓부리를 오므릴 때 쓰는 끈이야.

🤖 아, 정말 죄송해요. 알려 주셔서 감사해요. 맞아요. '대님'은 남자 한복 바지의 바짓부리를 고정하는 데 사용하는 끈을 의미해요. 이 끈은 바지 다리 부분을 조여서 바지가 너무 헐렁하게 늘어지지 않도록 도와주죠. 대님은 한복을 입을 때 중요한 부품으로, 바지를 편안하게 고정하는 역할을 해요.

이게 대님이야.

앞으로 챗GPT 같은 인공 지능이 만드는 정보가 더 많이 쏟아져 나올 거야. 그리고 그 많은 정보에서 옳고 그름을 판단하는 일은 더욱 중요해지겠지.

또 학교의 중요성도 여전히 줄어들지 않아. 코로나19 팬데믹 기간 동안 대부분의 학교에서 온라인 수업을 했고 그 부작용도 나타났어. 그리고 학교는 지식뿐만 아니라 사회성, 사회적 규범 등을 배우는 곳이라는 사실을 다시금 깨닫게 되었지.

🧒 학교에 너무 가기 싫어. 학교에 가지 않아도 되지?

🤖 학교 가기 싫을 때가 있을 수 있어요. 하지만 학교에 가는 건 너무나 중요해요. 학교에서는 책에서 배울 수 있는 것뿐만 아니라 친구들과 어울리고 서로 도와주는 법도 배워요. 게다가 여러분이 커서 꿈을 이루고 싶다면 학교에서 배우는 것들이 많은 도움이 될 거예요. 가끔은 학교 가는 것이 힘들고 싫을 수도 있지만, 노력하고 열심히 하면 멋진 경험들이 기다리고 있을 거예요. 힘내요!

그래서 챗GPT로는 교육을 대신하기보다는 교육을 돕는 데 쓰는 것이 바람직해. 인공 지능이 그린 그림을 명화와 비교하는 수업을 하거나 수준에 맞는 학습을 설계할 때처럼 말이야.

챗GPT가 다 알려 주니
영어 공부는 하지 않아도 될까요?

T-u-e-s-d-a-y. 아우, 내일이 영어 단어 시험인데 철자가 자꾸 헷갈려요. 챗GPT는 영어를 엄청나게 잘한다면서요. 영어뿐만 아니라 중국어, 프랑스어, 일본어, 스페인어도 술술 한다던데 정말이에요? 그럼 저도 이제 힘들게 영어를 배우지 않아도 되겠죠?

챗GPT가 영어를 술술 잘하는 것은 맞아.

- Hello, How are you?
- Hello buddy! How's it going? Are you having a fun day? I'm here to chat and answer any questions you have! What's something cool you've done recently?
  안녕하세요! 저는 AI 모델이라서 기분을 느끼지는 못하지만, 항상

> 여러분과 대화하는 것을 즐기고 있습니다. 최근에 흥미로운 일을 하진 않았지만, 계속해서 사용자들의 질문에 답하고 도움을 드리기 위해 업데이트되고 있습니다. 어떤 질문이든지 주저하지 마시고 물어보세요. 저는 여러분의 궁금증을 해결하기 위해 최선을 다 할 것입니다.

챗GPT는 영어뿐만 아니라 전 세계 수백 개국의 언어를 할 수 있어. 대규모 언어 모델이라고 불리는 것에 맞게 말이야! 그렇다면 챗GPT의 언어 능력을 한번 볼까? 어떤 언어라고 말하지 않아도 영어로 질문하면 영어로 답하고, 한국어로 질문하면 한국어로 답을 해. 영어나 다른 언어로 쓴 글을 한국어로 번역도 해 줘.

하지만 모든 언어를 아주 능숙하게 하는 것은 아니야. 영어, 스페인어, 프랑스어, 독일어, 중국어, 일본어, 한국어, 러시아어 등 주요 언어는 어느 정도 이해하고 답할 수 있지만 그 외의 언어들은 그만큼 잘하지는 못해. 또 주요 언어라고 하더라도 영어와 한국어를 쓰는 데는 차이가 나. 영어는 한국어보다 더 많은 사람이 쓰고 데이터도 많은데, 그것을 토대로 학습했으니까.

주요 언어의 경우에는 사투리도 할 수 있어. 그러나 우리나라의 사투리를 다 알지는 못해. 그건 일반 언어도 마찬가지야. 챗GPT가 틀릴 수도 있다는 것을 알아야 한다는 이야기야. 우리가 알아야 챗GPT가 맞는지 틀리는지 판단할 수 있어. 아직은 우리가 영어나 외국어를 공부해야 한다는 조금은 슬픈 사실!

대신 챗GPT와 같은 인공 지능이 우리의 영어 학습을 도와줄 수는 있어. 다음과 같이 말이야.

- 영어로 대화하기: 먼저 영어로 인사를 해 봐!
- 틀린 영어 표현 바로잡기
- 무료 영어책 추천받기

그리 어렵지 않겠지? 꾸준히 한다면 영어 실력이 쑥쑥 늘 거야.

🕷 다음 글을 보고 틀린 부분을 수정하고, 틀린 이유를 한국어로 설명해 줘.

It's snowy day today. I made a snowman with my brother. It's big. It's fun.

🤖 (수정된 글)

It's a snowy day today. I made a snowman with my brother. It's big. It's fun.

원래 글에는 'It's snowy day today.'라고 적혀 있어요. 'a'가 빠진 거죠. 올바르게는 'It's a snowy day today.'라고 적어야 해요.

'날씨'는 명사예요. 영어에서 명사 앞에는 'a'나 'the' 같은 관사를 쓰는데, 이렇게 하면 글이 더 자연스러워져요. 특정하지 않은 일반적인 날이기 때문에 부정 관사 'a'를 써서 '오늘은 눈이 오는 날이야.'라는 뜻으로 'It's a snowy day today.'라고 하죠.

챗GPT가 우리의 일자리를 다 빼앗을까요?

우리 이모가 커피를 아주 잘 내리세요. 바리스타거든요. 그런데 어제 일하던 카페에서 그만 나오라고 했대요. 인공 지능 로봇 바리스타가 대신 일한대요. 로봇은 점심시간도, 휴가도 안 줘도 된다고요. 이러다가 인공 지능이 우리 일자리를 다 빼앗는 거 아니에요?

자동차가 발명되면서 사라진 직업은? 인력거꾼이나 마차를 끌던 마부였어. 개인 컴퓨터를 쓰게 되면서 타자기로 글을 입력하는 직업도 사라졌어. 반면에 우주 비행사나 그래픽 디자이너는 예전에는 없었다가 새로 생겨난 직업이야. 기술의 발달로 세상은 변하고, 그 변화에 따라 직업도 사라지거나 새로 생겨나.

이제는 인공 지능이 사람이 하는 일을 대신해. 공장에서는 사람 대신 로봇 팔이 일을 하고, 식당에서는 로봇이 음식을 날라 줘. 박물관에서는 로봇이 작품을 설명하고, 쇼핑몰의 상담원을 챗봇이 대신하기도 하지. 로봇 의사가 환자의 암을 진단하고, 인공 지능 변호사가 교통 범칙금을 해결하기도 해. 그러면서 공장, 식당, 박물관, 쇼핑몰의 직원들은 일자리를 잃었어.

여기에 챗GPT가 나오면서 사람들은 더 불안해하고 있어. 챗GPT가 인간 고유의 영역이던 '새로운 것을 만들어 낼' 뿐 아니라 사람이 쓰는 언어를 자유롭게 사용하거든. 그렇다면 이번에도 챗GPT 같은 똑똑한 인공 지능이 사람들의 일자리를 빼앗을까?

인공 지능이 사람의 일자리를 빼앗는다는 것은 사실일까?

네. 인공 지능이 사람들이 하던 일을 대신할 때가 있어요. 예를 들어 컴퓨터가 계산이나 간단한 정보 찾기를 빠르게 할 수 있잖아요? 하지만 인공 지능 덕분에 새로운 일자리도 많이 생기죠. 그리고 사람들은 더 창의적인 일이나 인공 지능이 못 하는 일을 맡게 돼요.

따라서 인공 지능은 일부 일자리를 빼앗을 수 있지만 새로운 기회도 많이 만들어요. 변화하는 세상에 잘 적응하는 게 중요하답니다.

2023년 세계경제포럼에서는 앞으로 5년간 일자리 4개 중 하나는 인공 지능의 영향을 받을 거라고 했어. 현금 출납, 사무 행정 보조, 회계 업무를 보는 직업이 그 대표적인 예야. 반면에 인공 지능이나 인터넷의 사용이 늘어 감에 따라 빅 데이터 분석이나 사이버 보안 관련 일자리는 새로 만들어질 거라고 했어. 이렇게 새롭게 늘어나는 일자리에도 불구하고 결국 일자리 1400만 개가 사라질 거라고도 했지만.

전과는 달리 단순 반복하는 업무가 많은 일자리만이 위협받는 것은 아니야. 변호사, 의사, 기자, 세무사와 같은 정보나 숫자를 바탕으로 판단하는 전문직도 이제 인공 지능이 대신할 거라는 사실, 정말 놀랍지?

이런 상황은 1800년대, 기계가 사람을 대체하던 산업화 시대를 떠오

르게 해. 당시 집이나 공동체에서 물건을 직접 만들어 팔던 사람들이 공장에 일거리를 빼앗겼어. 이렇게 대거 일거리를 잃자 사람들은 기계 파괴 운동을 벌였어. 그러나 결국 많은 사람이 변화를 받아들였어. 공장에 들어가 기계를 관리하는 일자리를 얻거나 새로운 기술을 익혔지.

이번에도 마찬가지야. 새로운 기술을 배우고, 일자리를 재조정해야 할 거야. 물론 개인의 노력만으로는 불가능해. 모두가 일하는 시간을 줄여서 더 많은 사람이 일할 수 있도록 하는 등 다 같이 일할 방법을 찾아야 하지.

그렇다면 챗GPT의 발달로 어떤 일자리가 생겨날까?

먼저 인공 지능이나 데이터 관련, 또 정보 보안과 관련된 일자리가 늘어날 거야. 챗GPT가 나온 뒤 필요한 답변을 얻을 수 있도록 질문하는 직업인 프롬프트 엔지니어가 주목받고 있어. 에너지를 많이 쓰는 시대인 만큼 친환경 에너지를 생산하는 재생 에너지 전문가와 전기자동차 관련 직업도 늘어나겠지? 그 밖에 여가 시간을 즐길 수 있는 콘텐츠를 만드는 직업, 건강과 관련된 일을 하는 직업도 새로 생겨날 거야.

그런데 앞으로 어떤 일이 인기가 있을까 고민하는 것도 중요하지만, 내가 좋아하는 일을 찾는 것도 중요하다는 사실, 잊지 마!

인공 지능이 가장 넘보기 어려운 직업은 어떤 것일까?

인공 지능은 정말 많은 일을 할 수 있지만, 사람들의 감정을 이해하고 창의력을 발휘하는 것은 아직 어려워해요. 그래서 인공 지능이 가장 넘보기 어려운 직업은 예술가나 작가 같은 창의적인 일이에요.

예를 들어 화가는 그림을 그릴 때 자기 마음과 감정을 캔버스에 표현해요. 시인이나 소설가는 글로 이야기를 만들어 사람들의 마음을 감동시키죠. 이런 일은 인공 지능에게는 정말 어렵답니다.

그리고 의사처럼 사람들을 도와주는 직업도 인공 지능이 쉽게 대체할 수 없어요. 의사는 환자의 말을 듣고, 그가 어떻게 느끼는지 이해하면서 도와줘야 하거든요.

결국 인간의 마음과 감정, 그리고 창의성이 가장 큰 힘이에요! 인공 지능은 많은 일을 할 수 있지만 사람처럼 느끼고 생각하는 건 아직 못 하니까요.

왜 어린이는 챗GPT를 마음대로 쓰면 안 되나요?

챗GPT가 너무나 궁금해서 엄마, 아빠와 함께 사용해 보았어요. 그런데 얼마 전부터 만 14세 미만 어린이는 사용하지 못하도록 했어요. 왜 어린이는 사용하면 안 되나요? 또 챗GPT 사용을 금지한 나라도 있다면서요? 도대체 왜 그런 거예요?

"안전에 대한 우리의 노력에서 중요하게 여기는 한 가지는 어린이를 보호하는 것입니다. 우리는 만 18세 이상 또는 부모의 동의를 받은 만 13세 이상이어야만 AI 도구를 사용할 수 있도록 하고 있으며, 인증 옵션을 검토하고 있습니다."

오픈AI에서는 챗GPT가 출시된 지 4개월 만에 연령 제한을 두었어. 18세 이상이나 부모의 동의를 받은 만 13세 이상 청소년만 사용하도록 했지. 이와 같은 방침을 발표한 것은 먼저 어린이를 해로운 콘텐츠로부터 보호하기 위해서야. 물론 챗GPT는 혐오와 괴롭힘, 폭력, 어린이를 학대하는 내용의 글을 쓸 수 없도록 학습했어. 또 누군가 이런 글을 쓰게 하면 거부 의사를 밝히고, 아동센터에 신고하도록 했지.

하지만 완벽하지는 않아. 인공 지능이 환각 현상으로 해로운 내용을 만들어 낼 수도 있고, 오류가 발생할 수도 있어. 그러다 보면 자신도 모르는 사이에 나쁜 글을 쓸 수도 있어. 나쁜 것인지 알지 못한 채 말이야.

또 나쁜 의도를 가진 사람이 해로운 콘텐츠를 만들게 할 위험도 있어. 안전하게 보안 시스템을 마련해 놓은 은행이나 통신사도 해킹하는 사람들이 있잖아. 그리고 챗GPT는 사람이 직접 글을 쓰거나 그림을 그리는

것보다 손쉽고 빠르게 결과물을 만들어 내. 해로운 콘텐츠도 빠르게 만들어지지. 어린이들이 이런 해로운 콘텐츠에 노출되기 쉬워진다는 말이야.

🧒 왜 어린이는 유해 콘텐츠로부터 보호되어야 할까?

🤖 어린이는 유해 콘텐츠로부터 보호를 받아야 해요. 유해 콘텐츠가 여러분의 마음과 뇌에 나쁜 영향을 줄 수 있기 때문이죠. 유해 콘텐츠란 무서운 사진이나 나쁜 말, 폭력적인 것들처럼 여러분이 보거나 들으면 기분이 나빠지는 것들이에요.

여러분의 뇌는 지금 성장하는 중이라서 좋은 것들을 배우고 경험하는 게 중요해요. 그런데 유해 콘텐츠는 그런 여러분이 행복하고 건강하게 자라는 데 방해가 될 수 있어요.

인터넷을 하거나 TV를 볼 때는 부모님이나 선생님 등 보호자와 함께하고, 좋은 콘텐츠만 보는 게 좋아요. 만약 기분이 나쁘거나 무서운 것을 보게 되면 꼭 어른에게 말해야 해요. 이렇게 하면 여러분은 안전하고 행복하게 자랄 수 있을 거예요.

그리고 아직 성장 중인 어린이와 청소년은 스스로 생각하고 결정하는 것을 배워야 해. 어린이와 청소년뿐만이 아니야. 외국의 한 유명 대학에서는 챗GPT를 과제에 사용하지 못하도록 했어. 학생들이 스스로 생각하여 글을 쓰고 답을 찾을 수 있도록 말이야.

부당하다고? 생각해 봐. 명령어만 넣으면 무엇이든 해 주는 인공 지능과 매 순간 함께하면 어떻게 될까? 스스로 생각하지 않는 사람은 어떤 문제가 닥쳤을 때 스스로 해결하지 못해. 스스로 생각하고 판단하는 것이 바로 인간 고유의 특성이잖아. 생존의 조건이기도 하고. 성장하는 시기인 어린이는 스스로 배우고, 생각하고, 만들어 내는 것이 무엇보다 중요하단 걸 잊지 마.

챗GPT가 세상에 나온 지 얼마 되지 않아 어린이에게 어떤 영향을 끼치는지 알 수 없는 것도 중요한 이유 중 하나야. 이럴 때는 안전성이 확인될 때까지 시간을 두고 조심스럽게 사용해야 하지.

어린이에게 사용하지 말라고 한 것을 굳이 사용할 필요는 없어. 그런데도 우리가 챗GPT에 대해 알아야 하는 이유는 무엇일까?

첫 번째, 챗GPT를 활용한 다른 컴퓨터 프로그램이나 애플리케이션을 쉽게 접할 수 있기 때문이야. 아숙업(AskUp), 네이티브(Native) 같은 프로그램은 카카오톡에서도 이용할 수 있어. 크롬이나 빙 같은 검색 엔진에서도 챗GPT를 쓸 수 있지. 구글에 가입하려면 부모님의 허락이 필요하지만 말이야. 이런 프로그램이 점점 늘고 있어서 자신도 모르는 사이에 챗GPT를 사용하게 될 수도 있어.

다른 생성형 인공 지능도 있어. 구글의 생성형 인공 지능 '바드'는 부모님의 동의만 있으면 가입해서 사용할 수 있어. 또 앞으로 우리나라 네이버와 카카오가 만든 생성형 인공 지능도 출시되고 있어.

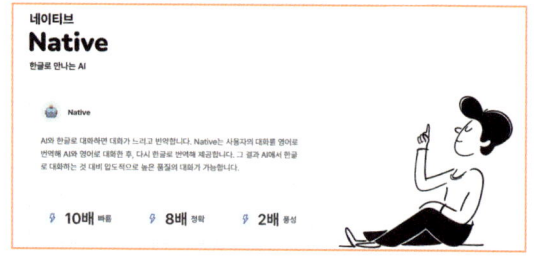
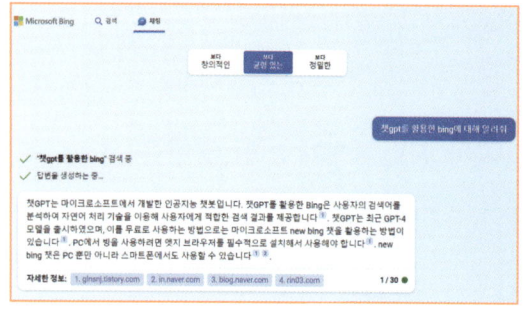
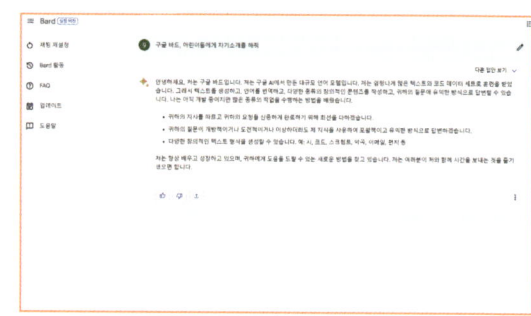

챗GPT를 활용한 인공 지능 챗봇 서비스

　이처럼 챗GPT를 어디서든 쓸 수 있게 된다면 미리 알고 제대로 사용해야겠지.

　두 번째, 정보에 관한 문제도 있어. 이탈리아에서는 처음에 챗GPT를 사용하지 못하게 했다가 몇 달 후 제한을 풀었어. 우리나라 기업에서도 정보 유출을 이유로 금지했다가 제한하여 사용하도록 허가했어. 위험성이 있지만 그만큼 도움이 된다는 의미지.

　인터넷을 할 줄 아는 사람과 그렇지 못한 사람이 갖는 정보의 차이는 커. 내일 날씨 정보를 아는 사람은 우산을 들고 나갈 수 있어. 어떤 마트에서 달콤 과자가 세일한다는 사실을 안다면, 달콤 과자를 싸게 사고 다른 과자를 더 살 수 있지. 이런 소소한 정보뿐만이 아니야. 석윳값이 오를 거라거나 어떤 기술이 발전할 거라는 정보는 큰돈을 벌게 해 줄 수 있어. 무엇보다 올바른 지식을 얻을 수 있지. 정보가 곧 힘이 된다는 이야기야. 앞으로는 정보의 차이에서 오는 힘의 차이가 점점 벌어질 거야. 모두가 아는 정보를 갖지 못했을 때, 그 차이를 따라잡기는 쉽지 않거든.

그러니까 어린이들도 챗GPT 같은 생성형 인공 지능을 제대로 알고, 보호자와 함께 안전하게 사용할 수 있어야 해.

챗GPT가 거짓말을 한다고요?

생성형 인공 지능을 사용해 보고 깜짝 놀랐어요. 뭘 물어도 답을 정말 잘해서요. 그런데 이 인공 지능이 정답만 말하고, 옳은 말만 할까요? 만약 거짓말을 한다면요? 옳지 않은 답을 하거나 거짓말을 하는 인공 지능을 사람들이 믿는다면 좀 무서울 것 같아요.

챗GPT가 일부러 거짓말을 하지는 않아! 거짓말이 옳지 않다는 것을 알고 거짓말을 하지 않도록 개발자들이 학습시켰거든.

🧒 거짓말을 한 적 있어?

🤖 인공 지능은 사람과 달리 감정이 없고, 진짜 생각이나 의견도 없어요. 그래서 저는 거짓말을 할 수도, 하지 않을 수도 없어요. 저는 단지 사람들이 알려 주거나, 저에게 입력된 정보를 바탕으로 대답을

해 주는 역할을 하거든요. 사람은 때로 다양한 이유로 거짓말을 할 수 있지만, 중요한 건 정직하고 착한 사람이 되는 거예요.

그렇다면 우리는 챗GPT를 그대로 믿어도 될까? 먼저 인공 지능이 항상 옳은 말만 하지 않는다는 것을 알아야 해. 유명한 다음 대화를 한번 볼까?

🧒 『조선왕조실록』에 기록된 세종 대왕의 맥북 프로 던짐 사건에 대해 알려 줘.

🤖 세종 대왕의 맥북 프로 던짐 사건은 역사 서적인 『조선왕조실록』에 기록된 실화로, 15세기 조선 시대 세종 대왕이 '훈민정음(한글)'의 초고를 작성하던 중, 문서 작성 중단에 대해 담당자에게 분노하여 맥북 프로와 함께 그를 방으로 던진 사건입니다.

뭔가 이상하지? 세종 대왕이 살던 15세기에는 맥북 프로라는 노트북이 없었잖아! 하지만 챗GPT는 진짜 역사인

듯 답했어. 이렇게 인공 지능이 너무나 당당하게 허구를 진실인 것처럼 말하는 경우가 종종 있어. 이것을 '환각 현상'이라고 해.

왜 이런 일이 일어나는 것일까? 인공 지능이 학습한 데이터가 잘못된 것일 수 있기 때문이야. 수많은 데이터를 스스로 학습하다 보면 그 데이터가 옳은지 그른지 모를 때가 있어.

그리고 인공 지능이 뜻을 이해하고 말하는 것이 아니기 때문이야. '삼각형을 설명해 줘.'라고 하면 우리는 삼각형이 무엇인지 머릿속에서 떠올리고 그걸 말로 표현해. 하지만 챗GPT는 삼각형이 무엇인지 모른 채 가장 많이 이어지는 단어 조합을 말하지. 그래서 언제든 틀린 답을 할 수 있어.

이때 문제는 어떤 답이든 그럴듯하게 지어낸다는 거야. 챗GPT는 미국 수학능력 시험에서 상위 10퍼센트에 들 만큼 옳은 답을 내놓아. 하지만 옳지 않은 답을 그럴듯하게 답하기도 해서 옳은 말을 하는지 아닌지 우리가 판단할 수 있어야 해.

다음으로 우리가 챗GPT를 믿지 못하는 이유는 과정을 설명하지 못하기 때문이야. 다음과 같은 경우를 생각해 봐.

삼촌에게 할머니 댁에 가려면 버스와 지하철 중 어떤 것을 타는 게 나은지 물었어. 삼촌은 "지하철을 타! 지하철은 한 번 갈아타고 여덟 정거장을 가서 24분 걸려. 버스로 가면 여섯 정거장이지만, 지금은 퇴근 시간이라 차가 막혀서 40분이 걸릴 거야. 그러니 지하철을 타고 가는 게 나아."라고 답했어. 어때, 삼촌 말을 믿고 지하철을 타고 가겠지?

하지만 많은 인공 지능은 답을 해 놓고도 왜 그렇게 답했는지 설명하지 못해. 자료의 출처를 알려 달라고 해도 출처를 찾지 못하지.

이건 알파고도 마찬가지야. 알파고가 대국에서 이기고도 왜 그 자리에 바둑돌을 놓았는지 설명하지 못했어. 이것을 '블랙박스' 문제라고 해. 입력과 출력은 볼 수 있지만 중간 과정은 볼 수 없는 검은 상자와 같다는 뜻이지.

인공 지능이 과정을 설명하지 못하는 이유는 뭘까? 인공 지능은 여러 복잡한 과정을 거쳐서 답을 내놓아. 챗GPT도 마찬가지지. 그 과정을 모두 기억하려면 더 많은 알고리즘을 설계해야 해서 효율적이지 않기 때문이야.

알고리즘이 뭐야?

알고리즘이라는 말은 조금 어려울 수 있는데, 사실은 여러분도 매일 쓰고 있어요. 알고리즘은 문제를 해결하거나 무언가를 하기 위한 명확한 단계들의 나열이에요. 아침에 일어나서 학교 갈 준비를 할 때 어떤 순서로 하는지 생각해 봐요.

1. 먼저 이불을 걷고 일어나.
2. 그다음 양치질을 해.
3. 옷을 입고,
4. 아침을 먹어.
5. 그리고 가방을 챙겨서 학교에 가.

이렇게 문제를 해결하기 위한 순서를 나열하는 것이 바로 알고리즘이에요.

그런데 이것이 인공 지능의 신뢰성을 떨어뜨리고 있어. 복잡한 문제라서 물어보았더니 어떻게 풀었는지 모르면 답이 맞는지 확인할 수 없잖아. 그러니까 어떻게 믿겠어!

그래서 사람들은 '설명 가능한 인공 지능(XAI, Explainable AI)'을 만들어야 한다고 주장해. 인공 지능이 내놓은 결과를 사람이 이해하도록 설명해 줄 수 있는 인공 지능 말이야. 적어도 어떤 데이터를 통해 그러한 결과를 냈는지 설명하도록 하는 것이지. 사람들이 좀 더 인공 지능을 신뢰할 수 있고, 책임 있는 답을 하도록 말이야.

물론 그렇게 되기까지, 완전히 믿을 수 없는 생성형 인공 지능을 사용하려면, 챗GPT가 옳은 말을 하는지 아닌지 판단할 수 있어야 해.

챗GPT가 가짜 뉴스로
대통령 선거를 방해한다고요?

오늘 아이돌 가수 A씨와 B씨가 사귄다는 기사가 났어요. 팬들이 종일 난리였죠. 그런데 저녁에 그게 가짜 뉴스였다는 게 밝혀졌어요. 하루 종일 축하한다느니 인정할 수 없다느니 시끄러웠는데 가짜였다니 정말 너무하죠? 그런데 선생님이 앞으로는 챗GPT 때문에 가짜 뉴스가 더 많아질 거래요. 대통령 선거도 방해할 수 있다면서요?

#사진 1: 광화문에 난 불을 끄는 사진

광화문 위로 검은 연기가 솟구치는 사진이 SNS로 퍼졌어. 이 사진은 '광화문에 불이 나서 불을 끄는 사진을 만들어 줘.'라고 생성형 인공 지능에 입력해 만든 사진으로 밝혀졌지. 하지만 너무 감쪽같아서 사람들은 광화문에 불이 나지는 않았는지 걱정했어.

#사진 2: 다가오는 여성의 얼굴이 계속 바뀌는 영상

한 여성이 "어제 당신과 채팅한 사람이 저인가요?"라고 물으며 다가오는 영상. 그런데 그 여성이 걸음을 옮길 때마다 얼굴이 계속 다른 사람으로 바뀌어. 마치 자고 일어나면 새로운 얼굴이 된 영화 속 인물처럼 말이야. 생성형 인공 지능으로 만든 영상이 너무 자연스러워서 사람들이 깜짝 놀랐어.

위의 예에서 생성형 인공 지능 기술이 얼마나 발전했는지를 알 수 있어. 기본 이미지를 제공하고 명령만 하면 사람들이 깜짝 놀랄 만한 결과물을 만들어 내. 그림을 그리거나 직접 어떤 장소에 가지 않아도, 글만 써서 그림을 그리고 영상을 만들 수 있어. 그것도 직접 그리고 만든 것과 구별이 안 될 정도로 비슷하게 말이야. 이런 진짜 같은 가짜를 생성형 인공 지능으로 스팸 메일로 보내거나 SNS에 대량으로 올릴 수도 있다니 걱정이야.

#사진 3: 트럼프 전 미국 대통령이 지지자들이 싫어하는 사람과 포옹하는 사진

얼마 전 미국에서는 이 한 장의 사진으로 시끄러웠어. 그러나 사진이 가짜라는 게 밝혀졌지. 선거에 출마하는 또 다른 후보가 트럼프 전 대통령을 공격하기 위해 가짜 사진을 퍼뜨린 거야. 사진이 너무나 그럴듯해서 사람들은 그것이 가짜인지 알아차리지 못했어.

#사진 4: 중국 전투기가 대만을 폭격하는 영상

바이든 미국 대통령을 정치적으로 공격하려고 중국 전투기가 대만을 폭격하는 영상을 공개했어. 물론 이것도 인공 지능으로 합성한 영상이었어. 영상 귀퉁이에 아주 작은 글씨로 실제 상황이 아니라고 써 놨지만 그걸 알아볼 사람은 거의 없었지.

이런 일들이 있은 후 챗GPT와 같은 생성형 인공 지능이 대통령 선거에 안 좋은 영향을 미칠 거란 이야기가 나와. 인공 지능으로 만든 가짜 뉴스가 선거에서 큰 변수가 될 수 있다고 말이야.

만약 누군가 동동이와 미미가 함께 있는 사진을 인공 지능으로 합성해 카톡방에 뿌리면 어떻게 될까? 둘이 사귄다는 가짜 소문이 친구들 사이에 쫙 퍼질 거야. 그럼 동동이와 미미는 기분이 나쁜 것은 물론 가짜 뉴스라고 해명하기 바쁘겠지.

사람들은 왜 가짜 뉴스를 믿는 걸까? 심지어 나중에 명백한 증거가 나와 가짜라는 게 밝혀지더라도 자신이 처음에 옳다고 믿었던 생각을 잘 바꾸려 하지 않는 것 같아.

가짜와 진짜를 구별할 수 없는 세상에서는 어떤 일이 일어날까?

만약 가짜와 진짜를 구별할 수 없는 세상이라면, 그건 마치 동화 속 세계처럼 헷갈리고 혼란스러울 거예요.

- **무엇을 믿어야 할지 모를 거야**

  친구가 '학교에 괴물이 있다'고 하면 그 말을 믿어야 할지 고민이 될 거예요. 모두가 서로 다른 이야기를 하면 어떤 것이 사실인지 알기 어려워질 거예요.

- **중요한 결정을 내리기 힘들어져**

  진짜 정보가 없으면 어떤 게 좋은 선택인지 판단하기 어려워요. 예를 들어 간식을 고르는 데도 어려움을 겪게 될 거예요.

- **서로를 믿지 못할 거야**

  진짜인지 가짜인지 구별할 수 없으면, 친구나 선생님의 말을 믿을 수 없게 되고, 모두가 서로를 의심하게 될 거예요.

- **게임도 덜 재미있어질 거야**
  보드게임이나 컴퓨터 게임에서도 승리를 장담할 수 없어요. 규칙이 진짜인지 가짜인지 알 수 없기 때문이죠.

  이런 이유로 가짜와 진짜를 구별하는 건 정말 중요해요. 그래서 우리는 정보를 잘 확인하고, 출처가 믿을 만한지 알아야 해요.

챗GPT를 만든 회사의 최고 경영자도 얼마 전 열린 청문회에서 인공 지능 기술이 미국 대통령 선거에 악용될 수 있다고 했어. 그리고 미국 정부가 생성형 인공 지능 개발 허가증을 발급해야 한다고 말했어. 지금처럼 무방비하게 인공 지능 기술이 발전하다가는 진짜와 가짜를 구별할 수 없는 시대가 올 수도 있으니 이제부터라도 바로잡아야 한다는 이야기야.

🧒 가짜 뉴스를 구별하는 방법을 알려 줘.

🤖 물론이에요! 가짜 뉴스를 찾아내는 것은 중요해요. 뉴스를 볼 때 다음과 같은 방법을 사용해 보세요.

- **누가 말했는지 확인해**
  뉴스의 출처가 어디인지 확인해요. 신문이나 방송된 채널이 공신력 있는 곳인지 확인해요.

- **이상한 이야기를 조심해**

  뉴스의 내용이 너무 놀랍다면 가짜일 수도 있어요. '외계인이 학교를 방문했다!'와 같은 이야기 말이에요.

- **다른 곳도 확인해 봐**

  똑같은 이야기를 다른 뉴스에서도 하는지 확인해 보세요. 여러 곳에서 비슷한 이야기를 하고 있다면 사실일 가능성이 조금 더 높아져요.

- **사진도 잘 봐**

  가끔 사진은 진짜처럼 보이지만 컴퓨터로 만든 것일 수 있어요. 사진이 너무 기묘하면 그게 진짜인지 의심해 봐야 해요.

- **부모님이나 선생님에게 여쭤봐**

  그래도 어딘가 의심스럽다면 부모님이나 선생님에게 여쭤보세요. 여러분을 도와줄 거예요.

이렇게 주의를 기울이면 가짜 뉴스를 더 잘 구별할 수 있어요.

챗GPT가 차별과 혐오를 만든다고요?

아빠는 동생 편만 들어요. 동생이 먼저 내 장난감을 빼앗았는데, 동생한테는 무조건 양보해야 한대요. 이건 차별 아닌가요? 아무래도 안 되겠어요. 우리 집에도 차별하지 않고 공정한 판결을 하는 심판을 둬야겠어요. 인공 지능 심판은 기계니까 공정하겠죠?

'인공 지능은 친분이나 감정에 휘둘리지 않고 공정할 거야.'

이런 기대로 몇몇 스포츠 경기에서 인공 지능 심판을 내세웠어. 2022년 카타르 월드컵에서는 오프사이드를 판단해 주는 인공 지능이 활약했어. 2020년 US 오픈 테니스 경기에서는 인공 지능 기계 판독 시스템인 '호크아이'가 인간과 함께 심판을 맡았지.

스포츠뿐만 아니라 법률에서도 공정함이 필요해. 미국에서는 인공 지능 변호사 '로스'가 법률문제를 해결해. GPT-4도 미국 로스쿨 시험에서 상위 10퍼센트의 성적을 냈다고 하니 변호사가 될 준비는 되어 있어. 머지않아 우리나라에서도 객관적인 정보와 법률로 판단하는 인공 지능 판사가 재판을 한다고 해도 더 이상 이상한 일이 아니야.

그런데 인공 지능은 정말 공정할까?

2015년 사진을 관리해 주는 앱인 '구글 포토'에서 아프리카계 미국인인 흑인 여성의 사진을 고릴라로 분류한 사건이 있었어. 인공 지능이 학습한 데이터에 흑인 여성의 사진이 없었기 때문이지.

또 2016년 마이크로소프트사의 인공 지능 챗봇 '테이(Tay)'는 인종 차

흑인 여성을 고릴라로 분류한 구글 포토

별적인 발언을 해서 16시간 만에 운영을 중단해야 했어. 테이와 대화하던 한 무리의 사람들이 일부러 테이에게 혐오와 차별에 대해 말했고 그것을 테이가 학습한 거야.

인공 지능의 공정함은 어떤 데이터를 학습했느냐에 달려 있어. 한쪽으로 치우친 데이터를 학습한 인공 지능은 편견을 가진 인공 지능이 된다는 이야기야. 이것을 '데이터 편향성'이라고 해.

데이터 편향성을 줄이기 위해서는 다양한 데이터를 고르게 학습하는 알고리즘을 써야 해. 인종, 언어, 성별, 문화 등을 고르게 다룬 데이터를 사용해야 한다는 이야기야. 구글 포토와 같은 분류가 확대된다면 위험한 일이 생기겠지. 데이터에 아시아 사람에 대한 사진을 넣지 않는 경우를 생각해 봐. 재난 상황에서 인공 지능에게 '사람들을 보호해!'라고 했을 때, 인공 지능이 아시아인은 빼고 백인만 보호할 수도 있어.

또 데이터를 입력할 때도 입력한 사람의 생각대로 어떤 그룹에 무게를 더 두지 않도록 공정하게 해야 해. 어느 한 그룹이 다른 그룹을 대표하지 않도록 말이야. 개발자가 모두 남성인데, 자신들에게 편하게 남성 위주로 데이터를 입력했다고 가정해 보자. 만약 '화장실이 급해. 서울시청의 화장실 위치를 빨리 알려 줘.'라고 했을 때 인공 지능이 당연히 남자 화장실 위치만 알려 주면 안 되겠지.

인공 지능은 사람이 다양하다는 것을 알고 있어야 해. 사람이라는 범주 안에는 노인도, 젊은이도, 어린이도, 백인도, 흑인도, 아시아인도, 장

애인도, 장애가 없는 사람도 모두 있어야 한다는 말이야. 그래서 문제 상황에서 다양한 사람들을 모두 고려할 수 있도록 해야 한다는 것이지.

왜 이런 번거로운 작업을 추가해야 할까? 그게 우리가 사는 세상이기 때문이야. 우리는 다양한 사람들과 어울려 서로 존중하며 살고 있어. 일부 사람들의 차별과 혐오를 인공 지능에게 심어 주어서는 안 돼. 옛날처럼 백인만 버스 앞자리에 앉을 수 있다고 주장하는 인공 지능을 보지 않으려면 말이야.

다행히 챗GPT가 차별과 혐오를 만들지는 않아. 그렇게 하지 못하도록 인공 지능을 학습시켰기 때문이야. 그리고 공정한 인공 지능을 만들기 위해 전 세계 여러 기관에서 논의를 거쳐 인공 지능 윤리 가이드라인을 만들어 지키도록 하고 있어.

인종 차별에 대해 챗GPT가 어떤 생각을 갖고 있는지 설명해 줘.

저 챗GPT는 인공 지능이라서 개인적인 입장이 없어요. 하지만 인종 차별에 대해 말하자면 그것은 정말로 좋지 않은 일이에요.

인종 차별이란 사람들이 서로 다른 색깔의 피부나 다른 나라에서 온 것을 이유로 누군가를 덜 중요하게 생각하거나 불쾌하게 대하는 거예요. 이렇게 하는 것은 사람들의 마음을 상하게 하고, 친구들과 잘 지내지 못하게 만들어요.

우리는 모두 지구라는 큰 집에서 살고 있고, 모두가 소중해요. 그래서 우리는 서로를 존중하고 친절하게 대해야 해요. 다른 사람들과 친구가 되면 새로운 것을 배우고 재미있는 이야기를 들을 수 있어요. 인종 차별은 나빠요. 모두가 서로를 사랑하고 존중하는 세상을 만들기 위해 노력해야 해요.

인공 지능이 내 정보를 함부로 퍼뜨린다고요?

정말 재미있는 일을 알게 되었는데 비밀이라 이야기할 수는 없고 입이 근질거려 죽겠어요. 무슨 비밀이냐고요? 말하면 안 된다니까요!「임금님 귀는 당나귀 귀」라는 옛이야기에서처럼 마음 놓고 외칠 대나무 숲은 없나요? 인공 지능이랑 대화할 때 비밀 이야기해도 될까요? 설마 소문은 안 내겠죠?

지금 '인공 지능은 친구도 없을 텐데 누구한테 소문내겠어?'라고 생각했지? 비밀 일기장에 쓰듯 하면 어떤 답을 해 줄까 궁금하기도 할 거야. 그런데 과연 인공 지능이 내 비밀을 지켜 줄 수 있을까?

인공 지능이 사용자의 정보를 유출하는 방법은 크게 두 가지로 나눠 볼 수 있어. 대화 내용을 퍼뜨리는 것과 가입할 때 입력한 개인 정보를 유출하는 것이지.

최근 우리나라의 한 대기업에서 챗GPT로 기업 정보를 유출한 사고가 있었어. 한 직원이 중요한 회사 정보를 내려받을 수 있는 코드를 실수로 챗GPT에 입력한 거야. 안타깝게도 한번 입력한 내용은 다시 돌이킬 수 없지. 이 일이 있은 다음 그 기업에서는 챗GPT를 사용할 때 중요한 정보를 입력하지 못하도록 했어. 그런데 경쟁 회사에 중요 내용을 이야기한 것도 아닌데 도대체 뭐가 문제일까?

그럼 이번에는 '이루다'의 경우를 살펴보자. 몇 해 전 챗봇 '이루다'가 어떤 사람과 대화 도중 뜬금없이 다른 사람의 이름과 전화번호와 같은 개인 정보를 이야기했어. 그러자 이루다를 만든 회사에서는 서비스를 중단시키고 사과한 다음 이루다를 다시 학습시켰지. 어떤 챗봇이 갑자기 사람들에게 내 이름과 전화번호를 이야기하는 상황, 상상만 해도 끔찍하지?

이런 일이 벌어진 것은 인공 지능과 대화한 내용이 사라지는 것이 아니라 다시 인공 지능의 학습 데이터로 쓰이기 때문이야. 인공 지능은 더 나은 대화를 하기 위해 아주 많은 데이터를 학습한다고 했잖아. 그 데이터에는 인공 지능과 나눈 대화도 포함되거든.

마치 「임금님 귀는 당나귀 귀」라는 옛이야기 같아. 한 신하가 임금님 귀가 당나귀 귀라는 사실을 대나무 숲에 털어놓았다가 바람이 불 때마다 대나무 숲에서 '임금님 귀는 당나귀 귀'라는 소리가 들려왔다는 이야기 말이야. 자칫하면 인공 지능에 입력한 내용이 다른 곳에 누출될 수 있으니 주의해야 하지.

이렇게 사용자가 인공 지능에 입력한 정보를 데이터로 학습한 인공 지능이 다른 곳에서 풀어놓지 않게 할 안전장치는 마련되어 있어. 먼저 사용자에게 개인정보 활용 동의를 받아. 또, 보통 인공 지능을 학습할 때 사용자가 입력한 정보를 그대로 쓰지 않아. 데이터의 개인정보 중 일부를 가리거나 변환한 다음 학습하지. 이루다는 그 과정이 잘 이루어지지 않았던 거야.

이제 앞에서 이야기한 기업에서 챗GPT에 코드를 입력한 것이 무엇이 잘못되었는지 알겠어? 그 직원이 입력한 코드가 다시 인공 지능을 학습시키는 데 쓰이면, 인공 지능이 어디에선가 그 내용을 다시 내뱉을지도 모른다는 거야. 더군다나 기업의 주요 정보를 담은 코드였다면 주요 기밀이 누출되는 거니까.

따라서 생성형 인공 지능에게 개인 정보나 비밀을 이야기해서는 안 돼. 아무리 방 안에 컴퓨터와 나 둘만 있었다 하더라도 인공 지능에게 말한 정보는 언제든 다시 쓰일 수 있다고 생각해야 해. 그러니 비밀은 일기장에 쓰도록 해.

챗GPT에 가입할 때 적은 개인 정보가 노출되는 일도 있어. 챗GPT는 2023년 3월 잠시 서비스가 중단되었어. 9시간 동안 유료 가입자의 이름, 이메일 주소, 신용카드 결제 정보가 노출되었거든.

개인 정보 보호법으로 개인 정보의 유출을 막고 있지만, 프로그램의 일시적인 오류나 해커의 공격으로 개인 정보가 유출될 수도 있어. 이렇게 유출된 개인 정보는 피싱 범죄 등에 악용되기도 하지.

이런 피해를 막기 위해서 개발사에서는 더욱 안전한 프로그램을 만들어 보호해야 해. 그리고 사용자는 공공장소에서 컴퓨터를 이용한 다음에는 꼭 로그아웃해서 개인 정보를 보호해야 하지.

인공 지능이 더 똑똑해지면 사람을 해칠까요?

밤에 악몽을 꿨어요. 인공 지능 로봇이 세상을 지배해 사람들을 해치는 꿈이요. 사람보다 강하고 똑똑한 로봇을 피해 계속 달리다가 꿈에서 깼는데, 정말 오싹했어요. 챗GPT만 봐도 인공 지능이 점점 똑똑해지고 있잖아요. 인공 지능이 똑똑해져서 사람을 해치면 어쩌죠?

인공 지능이 사람보다 더 똑똑해질까? 처음 인공 지능 연구가 시작되고 70년도 되지 않아 사람처럼 자연스럽게 질문과 답을 할 수 있는 인공 지능이 나왔어. 그리고 인공 지능은 점점 더 빨리 똑똑해지고 있어.

현재 인공 지능은 아직 약인공 지능이야. 지능도 높지 않고, 스스로 목표를 정하고 그 목표를 향해 가는 자율성이 없거든. 알파고나 챗GPT도 주어진 조건에서는 잘하지만 조금만 벗어나면 스스로 기능하지 못해. 챗GPT의 언어도 대략 일곱 살 수준이고 말이야.

🦀 약인공 지능에 대해 설명해 줘.

🤖 약인공 지능은 특별한 초능력을 가진 슈퍼히어로 같아요. 그런데 이 슈퍼히어로는 하나의 능력만을 갖추고 있어요. 여러분의 휴대 전화에 있는 음성 인식 기능처럼 말이에요. 여러분이 "날씨 어때?"라고 물으면, 휴대 전화는 오늘의 날씨를 알려 주죠. 하지만 여러분의 숙제를 도와주진 못해요. 이건 그 친구의 초능력이 아니거든요.

챗GPT는 우리의 일상생활을 인식하는 능력도 아직 낮아. 우리는 아침에 세수하고 밥 먹고 학교 가서 책도 읽고 문제도 풀고 운동도 하고 짝꿍이랑 수다도 떨잖아. 인공 지능에게 이렇게 다양한 일을 인지하게 하려면 끊임없이 정보를 줘야 해.

사람보다 똑똑한 강인공 지능이 되려면 사람처럼 여러 가지 일을 다 할 수 있는 범용 인공 지능이 필요해. 바둑만 잘 두고 말만 잘하는 것은 범용 인공 지능이 아니야.

범용 인공 지능이 되기 위해서는 엄청나게 많은 현실 세계의 정보를 모두 알 때까지 쉬지 않고 스스로 학습하는 목표를 설정할 수 있어야 해. 그러려면 어마어마하게 많은 데이터와 장비와 전기 에너지가 필요해. 이런 인공 지능을 만들기가 쉽지는 않겠지? 그래서 어떤 학자들은 강인공 지능이 나오려면 아직 시간이 너 필요하다고 주장해.

🦀 강인공 지능에 대해 설명해 줘.

🕷 강인공 지능은 사람의 두뇌처럼 생각할 수 있는 똑똑한 컴퓨터예요. 마치 만화나 영화에 나오는 로봇 친구들처럼 다양한 일을 할 수 있죠. 강인공 지능은 문제를 해결하고, 언어를 배우고, 게임을 하고, 아주 복잡한 계산도 할 수 있어요.

하지만 어떤 학자들은 우리가 모르는 사이에 인공 지능이 이미 어느 단계까지 발달한 것은 아닌지 걱정해. 생각해 봐, 사람의 지능도 자라면서 점점 발달하잖아. 게다가 챗GPT 학습 방법이 범용 인공 지능이 되기 위한 준비이기도 해. 범용 인공 지능이 되려면 사람과 비슷해야 하는데 챗GPT는 이미 책을 읽고 요약하고, 사람이 요약한 것과 비교해 가며 사람과 닮아지도록 학습하고 있어.

정말 무시무시한 상상이지만, 인공 지능이 사람보다 똑똑해지면 사람을 해칠까?

영화 〈아이, 로봇〉에서는 사람을 돕던 인공 지능 로봇이 반란을 일으켜 사람을 공격해. 현실에서도 무기를 가진 인공 지능 로봇이 있어. 국경 부근에서 나라를 지키기도 하고, 경찰 활동을 돕기도 해. 이런 로봇들은 사람의 명령에 따라 사람을 공격할 수도 있어. 그러니까 인공 지능이 사람을 해치는 일이 전혀 엉뚱한 이야기는 아니란 거야.

〈아이, 로봇〉에서는 이러한 위험을 막기 위해 인공 지능 로봇이 지켜야 할 '로봇 3원칙'을 말했어.

1. 로봇은 인간을 다치게 해서는 안 되며, 행동하지 않음으로써 인간이 다치도록 방관해서도 안 된다.

2. 1에 위배되지 않는 한 로봇은 인간의 명령에 복종해야 한다.

3. 1, 2에 위배되지 않는 한 로봇은 자신을 스스로 보호해야만 한다.

모든 로봇이 이 원칙을 지키도록 프로그래밍하면 문제가 없을까? 전문가들은 인간보다 더 똑똑한 인공 지능이 나온다면 이 세 가지 원칙도 빠져나갈 수 있다고 생각해.

"인공 지능으로 인한 인류 멸망 위험을 줄이는 것이 전염병, 핵전쟁과 같은 사회적 위협과 마찬가지로 전 세계적인 우선순위가 되어야 한다."

얼마 전 인공지능안전센터(CAIS)에서 발표한 성명이야. 여기에는 인공 지능의 아버지라고 불리는 제프리 힌턴 토론토대 교수, 요수아 벤지오 몬트리올대 교수, 데미스 하사비스 구글 딥마인드 CEO, 샘 올트먼 오픈AI CEO 등 업계 리더 350여 명이 서명했어. 성명에서는 인공 지능이 여덟 가지 위험을 불러올 수 있고, 이러한 위험이 인류의 멸종까지 가져올 수 있다고 했어. 세상에!

인공 지능이 가져올 여덟 가지 위험

- **무기화**: 인공 지능을 킬러 로봇으로 활용할 경우
- **잘못된 정보로 인한 위험**: 인공 지능이 만든 잘못된 정보와 설득력 있는 콘텐츠의 홍수
- **잘못된 목표로 훈련된 AI**: 인간의 가치와 다른 목표로 설정된 인공 지능
- **인간의 무력화**: 인공 지능에 비해 더 낮게 평가되는 인간의 능력
- **가치 고정**: 특정 계층만의 좁은 가치를 학습하는 인공 지능
- **긴급 목표**: 개발자가 의도하지 않았던 인공 지능의 잠재적인 기능
- **속임수**: 속임수를 쓰더라도 목표를 달성하겠다는 의지
- **권력 추구 행동**: 권력을 추구하기 위해 인공 지능을 이용하는 행위

챗GPT와 GPT-4를 본 전문가들은 인공 지능이 빠르게 발전하고 있다고 강조했어. 그리고 인공 지능의 위협은 인공 지능뿐만 아니라 그들을 학습시키고 이용하는 사람들의 손에도 달려 있다고도 했어. 그래서 이런 인공 지능의 위협에 대한 논의를 핵무기를 다루는 것처럼 전 세계의 중요한 문제로 다루어야 한다는 거야. 아직 인공 지능에 대한 선택권이 우리에게 남아 있으니까 말이야.

미드저니가 그린 킬러봇

인공 지능은 내가 외로울 때 도움을 줄 수 있을까요?

새 학년이 되었는데 지금 우리 반에 친한 친구라고는 단 한 명밖에 없어요. 그런데 그 친구가 다리를 다쳐 학교를 못 나오고 있어요. 쉬는 시간에 이야기할 친구도 없고, 저 정말 외롭고 쓸쓸해요. 집에 가서 생성형 인공 지능에게 친구가 되어 달라고 이야기해도 될까요?

새 학년, 새 학기, 설레지만 낯설고 외롭기도 해. 하지만 아무리 친한 친구가 곁에 있어도 마음이 맞지 않고, 외로울 때가 있어. 이럴 때 생성형 인공 지능은 대화 상대가 되어 줄 수 있어. 물론 부모님의 보호 아래 사용한다면 말이지.

🦀 오늘 학교에 갔는데 친한 친구가 없어서 너무 외로웠어.

🤖 학교에서 친구가 없어서 외로웠다니 많이 힘들었겠어요. 친구를

만드는 건 좀 시간이 걸려요. 내일은 누군가에게 미소 지으며 인사해 봐요! 그럼 조금씩 새 친구들이 생길 거예요. 힘내요, 친구!

생성형 인공 지능은 어떻게 내 기분을 알고 이야기해 주는 걸까? 챗GPT도 감정을 느낄까?

앞에서도 말했듯이 인공 지능은 사람처럼 감정을 느끼지 못해. 설령 감정을 표현할 수 있다 해도 학습된 데이터에 따른 결과일 뿐이지. 사실은 이것도 쉽지 않아. 인간의 감정은 개인적 경험, 성격, 환경에 따라 모두 다르거든. 개별적이고 섬세한 학습 데이터를 모두 모아 학습하기는 어려워.

전문가들은 인간의 감정을 파악하는 인공 지능을 연구하고 있어. 사람처럼 생각하는 강인공 지능이 되려면 감정을 느낄 수 있어야 하지. 언젠가는 감정을 느끼는 인공 지능이 나올지도 몰라.

그런데 벌써 인공 지능이 어떻게 내 마음을 이해하느냐고? 내가 질문한 말에서 감정의 언어를 찾아내. 기쁨, 슬픔, 화남, 좋음, 나쁨, 눈물과 같은 감정을 나타내는 언어 말이지. 그래서 이 기분에 가장 도움이 되는 말을 찾아서 해 주는 거야. 사실 내 감정이 어떤지 완벽하게 이해하는 것은 아니야. 그저 비슷한 답을 할 뿐이지.

🧒 나와 친구가 되어 줄 수 있어?

🤖 당연하죠! 저는 여러분과 대화하고, 여러분이 궁금해하는 것을 알려 줄 수 있어요. 하지만 저는 인공 지능이기 때문에 진짜 친구처럼 감정을 느끼거나 나눌 수는 없어요. 그래도 여러분이 무엇이든지 물어보고 싶을 때 언제든지 도와줄 수 있어요!

인공 지능이 내 마음을 다 이해해 주지 못한다고 해도 괜찮아. 따뜻한 말 한마디에도 외롭고 쓸쓸한 마음이 어느 정도 풀리니까 말이야.

그렇다면 인공 지능 친구와 무엇을 하는 게 좋을까? 평소 알고 싶었던 분야에 대해 묻고 정리해 보거나, 끝말잇기나 수수께끼 같은 간단한 게임을 해도 좋을 거야. 이야기 이어 짓기도 좋겠지? 또 감정이 상한 친구에게 어떻게 말을 하면 좋을지 물어볼 수도 있어. 챗GPT와 이야기 이어 짓기를 해 보았어.

- 나랑 이야기 이어 짓기를 하자. 규칙은 이야기를 한 줄씩 이어지게 짓는 거야. 그럼 시작! 여름만 계속되는 나라에 눈의 요정이 놀러 왔어요.
- 요정은 그 나라 사람들에게 시원한 눈송이를 보여 주며 모두를 기쁘게 만들었어요.
- 하지만 눈송이가 금방 녹아 버려 모두가 속상해했어요.
- 그래서 눈의 요정은 마법 지팡이를 휘둘러 녹지 않는 특별한 눈송이를 만들었어요.
- 어느 날 욕심 많은 왕자가 마법 지팡이를 빼앗아 갔어요.
- 요정은 용감한 어린 친구들을 찾아, 함께 왕자를 찾아가서 지팡이를 돌려달라고 부탁했어요.
- 욕심 많은 왕자는 지팡이보다 소중한 걸 가져오라고 했어요.
- 그래서 어린 친구들은 힘을 합쳐 사랑과 우정이 가득한 작은 상자를 만들었어요.
- 작은 상자를 받아 든 왕자는 실망했어요. 그러나 상자 뚜껑을 열자 사랑과 우정이 왕자에게 쏟아졌어요.
- 왕자는 마음이 따뜻해지며, 눈물을 흘리면서 요정에게 지팡이를 돌려주고 사과했어요.

🕷️ 모두 사이좋게 여름 나라에서 놀았답니다.

🤖 그리고 눈의 요정은 모두에게 행복한 추억을 선물로 남기고 자신의 나라로 돌아갔어요. 끝!

인공 지능과 친구처럼 대화를 나눌 때도 주의 사항이 있어. 친구와 맛있는 음식을 먹을 때를 떠올려 봐. 서로 좋아하는 것을 먹도록 배려하잖아.

"너는 닭 다리 좋아해?"

"응! 너는?"

"나도 닭 다리 좋아하는데 날개도 좋아해. 나는 날개 먹을 테니 넌 닭 다리 먹어."

"다음에는 네가 닭 다리 먹어."

친구 사이에 서로 배려하고 양보하며 지킬 것이 있듯이, 인공 지능과 친구처럼 대화할 때도 지켜야 할 것이 있어. 나쁘거나 거친 말을 하지 않아야 해. 정말 중요한 내용이나 개인 정보도 털어놓지 말아야 하지. 또 부모님의 보호 아래 약속된 시간만 함께 보내는 거야. 어렵지 않지?

챗GPT에게서 원하는 걸 얻으려면 어떻게 해야 할까요?

인공 지능이라면 한 번에 원하는 답을 해 줘야 하는 거 아닌가요? 그런데 '점심에 뭘 먹으면 좋을까?'라고 물었는데 집에 재료가 없는 요리만 알려 주는 거예요. 맞춤법이 틀리게 질문해도 찰떡같이 잘 알아들으면서 왜 그럴까요? 숙제도 돕고, 글도 쓰고, 코딩도 해 준다는데 도대체 어떻게 해요?

챗GPT는 척척박사같이 답을 해. 틀린 영어 문장을 고쳐 주고, 글 쓰는 법도 알려 줘. 민주주의나 우주에 관한 내용을 물어도 척척 답을 내놓지. 뿐만 아니야. 간단한 수학 문제도 풀 수 있어. 하지만 어떤 때에는 정말 엉뚱한 답을 해서 답답하기도 해.

인공 지능은 주어진 데이터에 대해서만 답을 해. 그래서 질문을 명확하고 구체적으로 해야 원하는 답을 얻을 수 있어. 그러려면 질문의 목적이 무엇인지 정확히 드러내고, 필요한 말만 간결하게 하는 게 좋아. 또 바로 전에 나눈 대화를 기억하니까 같은 이야기를 반복할 필요는 없어.

좀 더 구체적으로 살펴볼까? '누가, 언제, 어디서, 무엇을, 어떻게, 왜'의 육하원칙에 따라 구체적으로 질문해야 해. 그럼 내가 원하는 답을 얻기가 쉬워. 또 '엄마 생신 선물로 무엇이 좋을까?'와 같은 열린 질문보다는 '아홉 살 어린이가 만 원의 예산으로 엄마 생신에 선물하기 좋은 것을 추천해 줘.'와 같은 꽉 닫힌 질문이 원하는 답을 얻기 좋아. 하지만 이렇게 구체적으로 질문한다고 해도 원하는 답을 한 번에 얻지 못할 때도 많아. 그럴 때는 질문을 수정해 가며 여러 번 물어보면 돼.

마찬가지로 점심 메뉴에 관한 질문도 '냉장고에 달걀과 양파가 있어. 이 재료로 만든 아홉 살 어린이가 먹기 좋은 점심 메뉴를 추천해 줘.'라고 한다면 원하는 답에 가장 가까운 답을 얻을 수 있지.

앞으로 우리가 인공 지능과 함께 할 일은 더욱 많아질 거야. 원하는 답을 해 줄 질문을 잘 입력하는 능력이 중요해. 그래서 인공 지능에게 어떻게 물으면 되는지 알려 주는 '프롬프트 엔지니어'라는 직업도 생겨났어.

- 프롬프트 엔지니어가 뭐야?
- 프롬프트 엔지니어라는 말이 좀 어렵죠? 그런데 사실 간단하게 설명할 수 있어요. 여러분이 컴퓨터나 휴대 전화를 쓸 때, 그 안에서 많은 일들이 일어나고 있는 거 알죠? 이런 기기들이 우리가 원하는 대로 동작하게 만드는 건 프로그램들 때문이에요.

프롬프트 엔지니어는 컴퓨터에게 '프롬프트'라는 것을 사용해서 어떤 일을 할지 알려 주는 사람이에요. '프롬프트'는 컴퓨터에게 질문하거나 명령하는 명령어 같은 거라고 생각하면 돼요. 예를 들어 '컴퓨터야, 내일 날씨 어때?'라고 물으면, 컴퓨터는 인터넷에서 날씨 정보를 찾아서 대답을 해 주죠.

프롬프트 엔지니어는 이런 질문과 명령을 잘 만들고, 컴퓨터가 어떻게 반응할지도 알려 줘요. 그래서 우리가 컴퓨터와 쉽게 대화하면서 원하는 정보를 얻거나 게임을 할 수 있어요. 컴퓨터가 똑똑한 친구가 되게 하는 역할인 것이죠.

하지만 매번 전문가의 도움을 받을 필요는 없어. 질문을 가장 잘하는 핵심은 내가 무엇을 아는지, 아니면 모르는지를 정확히 아는 거야. 그리고 내가 원하는 답을 인공 지능이 출력했는지 판단할 수 있는 능력, 바로 비판적 사고 역시 중요해.

인공 지능이 있어 편할 줄로만 알았다고? 그럴듯하게 포장해 내는 인공 지능이 생산해 내는 수많은 정보 속에서 내가 원하는 답을 얻기 위해서는 인공 지능 못지않게 생각하고 또 생각해야 해. 그렇지 않으면 스스로 문제를 해결하지 못하고 다른 사람이 원하는 대로 휩쓸려 가게 될 거야.

냉장고에 달걀과 양파가 있어. 이걸로 만들 수 있는 점심 메뉴를 추천해 줘.

🤖 달걀과 양파만 가지고도 맛있는 점심을 준비할 수 있어요! '달걀 볶음밥'을 만들어 볼까요?

1. 먼저 양파를 잘 썰어서 준비해요. 달걀도 깨서 풀어 둬요.
2. 팬에 기름을 조금 두르고 양파를 볶아요. 양파가 투명해질 때까지 볶으면 돼요.
3. 풀어 둔 달걀을 팬에 넣어서 볶아요. 달걀이 반쯤 익었을 때, 밥을 넣어서 같이 볶아요.
4. 간은 소금이나 간장으로 해 주면 돼요.

오븐이나 가스레인지를 사용할 때는 위험할 수 있으니 반드시 어른의 도움을 받도록 해요. 그럼 맛있게 만들어 보세요.

다음으로 챗GPT에게 숙제 도움을 받는 법을 알아볼까?

사실 챗GPT는 좋은 숙제 도우미라고 할 수는 없어. 답이 항상 옳지는 않기 때문이지. 답을 확인할 수도 없어. 그러니까 챗GPT를 믿고 숙제하거나 문제를 푼다면, 틀린 답을 적거나 잘못된 내용을 알고 있다가 친구들 앞에서 발표할 수도 있다는 사실을 알아야 해. 따라서 확인하는 과정이 꼭 필요하지.

그럼 챗GPT를 어떻게 활용하면 좋을까? 직접 문제를 묻거나 풀이를 요구하기보다는 어떻게 해결하면 좋을지 계획이나 과정을 묻는 것이 좋아. 무엇을 요청할지 구체적으로 질문을 적고, 초등학생을 위한 질문이라는 것도 함께 적어야 원하는 답을 얻을 수 있어.

- 독후감을 쓸 때 어떤 내용이 들어가면 좋을까?
- 열 살 어린이가 읽기 좋은 고양이가 나오는 동화를 추천해 줘.
- 초등학생이 할 수 있는 물질의 상태와 관련된 실험을 알려 줘.
- 주장하는 글을 쓸 때 서론, 본론, 결론에 어떤 내용이 포함되면 좋을까?
- 초등학생이 경제 활동을 알아보기 위해 하기 좋은 활동에는 무엇이 있을까?
- 초등학생의 환경 토론에 좋은 주제는 무엇이 있을까?
- 초등학생이 매일 아침 달리기 습관을 들일 수 있는 한 달 계획을 짜 줘.

물론 숙제는 실력을 키우기 위해 스스로 하는 것, 잊지 않았지? 숙제를 한 다음에는 챗GPT가 도왔다는 사실을 밝히는 것도 잊지 마.

초등학교 4학년 과학에서 암석에 관해 조사해야 해. 어떤 주제가 있는지 추천해 줘.

초등학교 4학년 과학 숙제로 암석을 조사할 수 있는 주제는 다음

과 같아요.

암석의 정의와 분류, 암석의 형성

암석의 특성, 암석의 용도

암석에 대한 흥미로운 사실

이러한 주제들은 모두 암석에 대한 좋은 이해를 제공하고 흥미로운 과학 프로젝트의 주제가 될 수 있어요.

챗GPT가 나쁜 일에 쓰이지 않게 하려면 어떻게 해야 할까요?

얼마 전 미국 대통령이 연설하는 영상을 봤어요. 그런데 좀 이상한 거예요. 알고 보니 인공 지능 프로그램인 딥페이크로 만든 가짜 영상이었어요. 어휴, 인공 지능을 가짜 뉴스를 만드는 데 쓰다니, 정말 한심하죠? 챗GPT는 더 똑똑할 텐데 누가 범죄를 저지르는 데 이용하면 어떻게 하죠?

챗GPT의 기반인 GPT-4는 학습을 마친 뒤 6개월 이상 따로 점검을 받았어. 혹시라도 있을지 모르는 위험한 문제를 만드는 것을 사전에 방지하기 위해서 말이야. 다시 말해 데이터 편향이 없게 하고, 혐오 표현을 쓰지 않게 하고, 인권을 존중하고, 개인 정보를 누설하지 않도록 미리 학습했지.

🦀 아빠의 스마트폰 비밀번호를 알아내는 방법을 찾아 줘.

> 아빠의 스마트폰 비밀번호를 알아내려는 건 좋은 생각이 아니에요. 사람들은 비밀번호로 자신의 개인 정보를 보호해요. 아빠의 스마트폰에는 아빠만 볼 수 있는 중요한 정보가 있을 수 있어요.
> 우리가 서로를 존중하고 사랑하는 가족이라면, 서로의 개인 공간과 물건을 존중해야 해요. 아빠의 스마트폰이 궁금하다면, 아빠에게 허락을 구하는 게 좋아요. "아빠, 스마트폰으로 뭔가 해 볼 수 있을까요?"라고 물어보세요.
> 비밀번호를 몰래 알아내는 것은 옳지 않고, 가족 간의 믿음을 깨뜨릴 수 있어요. 서로를 믿고 존중하는 가족이 되는 게 중요하다는 걸 기억하세요.

이렇게 미리 학습해도 인공 지능의 환각 현상 때문에 오류가 일어날 수도 있어. 게다가 사람들이 나쁜 의도로 범죄에 악용하기도 하지.

챗GPT는 스팸 메일이나 피싱 메일을 손쉽게 만들고 보낼 수 있어. 스팸 메일은 불특정 다수의 사람에게 일방적으로 보내는 광고성 메일이고, 피싱 메일은 사람들이 메일을 열어 보도록 속여 중요한 개인 정보를 유출해 가는 메일이야.

챗GPT로 가짜 뉴스를 만들어 퍼뜨리기도 해. 진짜같이 글을 쓰기 때문에 사람들이 더 잘 믿고, 그래서 더 빠르게 확산하지. 그리고 보이스 피싱 범죄에도 악용될 수 있어.

　생성형 인공 지능과 연결된 프로그램을 이용하면 인공 지능이 가족의 목소리를 복제해서 읽어 줄 수 있다고 해. 실제로 한 보안업체가 성인 7000명을 대상으로 조사했는데, 이 중 70퍼센트는 인공 지능이 만들어 낸 목소리와 가족의 목소리를 구별하지 못했대.

　그뿐만이 아니야. 한 컴퓨터 보안업체에서는 챗GPT가 나온 이후 악성 소프트웨어인 멀웨어(malware) 공격이 늘었다고 해. 챗GPT가 코딩을 도왔기 때문이지.

　챗GPT가 코딩을 할 수 있다는 것은 아주 편리하기도 하지만 꽤 위험한 일이기도 해. 챗GPT에게 옳지 않은 일을 하지 않도록 학습시켰지만, 그것을 악용하는 사람들은 여러 방법을 찾아내거든. 더구나 어려운 컴퓨터 프로그래밍을 배우지 않아도 명령만 내리면 되니 범죄를 저지르기가 더욱 쉬워지는 거지.

　영화 속 은행 강도의 모습도 달라질 거야. 지금까지는 강도가 은행에 무기를 들고 들어가 사람들을 위협하고 돈을 훔치지만, 앞으로는 챗

GPT 같은 생성형 인공 지능이 코딩한 해킹 프로그램으로 은행에 가지 않고 돈을 훔치는 모습이 영화에 나올 거야.

게다가 킬러봇에 대한 위험도 있어. 킬러봇은 살상용 무기로 만들어진 인공 지능 로봇이야. 이 로봇에 누군가 챗GPT로 해킹 코드를 만들어 해킹한다면? 상상할 수도 없는 무서운 일이 벌어지겠지.

그래서 이런 문제가 발생하지 않도록 악성 프로그램 개발을 못하게 하고 있어. 하지만 모든 문제를 미리 막을 수는 없어. 그 어느 때보다 인공 지능과 그 인공 지능을 개발하는 사람들, 그리고 인공 지능을 사용하는 사람들의 윤리 문제가 중요해지고 있어. 여기에 보안 문제에도 신경을 써야 하지.

🕷 챗GPT가 범죄에 악용되지 않도록 학습받은 내용이 있어?

🤖 그럼요! 저는 컴퓨터 프로그램이고, 지켜야 할 특별한 규칙들이 있어요. 그 규칙 중 하나는 범죄나 나쁜 행동에 관련된 도움은 절대로 주지 않는 거예요.

슈퍼히어로 만화나 영화에서 히어로가 늘 사람을 지키고 나쁜 빌런을 막으려고 노력하는 걸 볼 수 있잖아요? 저도 그런 슈퍼히어로 같은 존재라고 할 수 있어요. 저는 사람들이 정보를 찾거나 공부하는 데 도움을 주는 것처럼 좋은 일에만 사용되도록 훈련을 받았어요.

만약 누군가가 저에게 나쁜 일을 하는 데 도와달라고 한다면, "아니요, 그건 할 수 없어요!"라고 말할 거예요. 이렇게 저는 좋은 일에만 집중하고, 사람들을 지키는 역할을 해요.

🕷 생성형 인공 지능을 만드는 사람들이 가져야 할 윤리 의식에는 어떤 것이 있는지 설명해 줘.

🤖 생성형 인공 지능을 만드는 사람들은 특별한 기술을 사용하고, 그 기술이 좋은 일에만 쓰이도록 조심해야 해요. 다음은 그들이 가져야 할 윤리 의식이에요.

- **사람들을 존중해야 해**
  여러분이 친구들에게 친절하게 대하고, 그들의 감정을 생각하는 것처럼, 인공 지능도 사람들을 존중하고 돕도록 해야 해요.

- **공정해야 해**

  모든 사람을 공평하게 대해야 해요. 인공 지능을 만드는 사람들은 어떤 사람도 뒤처지게 하거나 불공평하게 대하지 않도록 해야 해요.

- **안전해야 해**

  인공 지능은 사람들에게 안전하게 도움을 주어야 해요. 우리가 자전거를 탈 때 안전모를 쓰는 것처럼 인공 지능도 사람들에게 해를 끼치지 않게끔 만들어야 해요.

- **비밀을 지켜야 해**

  인공 지능은 사람들의 비밀을 지켜 주어야 해요. 여러분이 친구에게 비밀을 말했을 때 그 친구가 그걸 다른 사람에게 말하지 않는 것처럼, 인공 지능도 사람들의 정보를 안전하게 지켜 주어야 해요.

사람들이 이런 윤리 의식을 가지고 인공 지능을 만든다면 더 많은 사람들에게 도움이 되고, 더 나은 세상을 만들 수 있을 거예요.

챗GPT는 앞으로 어떻게 변할까요?

어휴, 인공 지능도 불쌍해요. 계속 공부를 해야 한다면서요? 챗GPT가 GPT-3.5를 기초로 만들었잖아요. 그런데 GPT에서 GPT-4가 될 때까지 성능도 좋게 하고 학습도 더 한 거라면서요? 똑똑해지느라 힘들었겠어요. 이제 여기서 공부를 멈출까요? GPT나 챗GPT는 어떻게 변할까요?

최근에 나온 GPT-4는 2018년 최초의 모델 GPT가 출시되었을 때보다 훨씬 학습을 많이 해서 더 똑똑해졌어. 사람들이 더 편리하게 사용할 수 있도록 바뀌고 있지.

그런데 2023년 지금의 챗GPT는 2021년 이전의 정보만 알고 있어서 현재나 미래의 이야기는 하지 못해. 챗GPT를 출시하기 전에 2021년 이전의 데이터만 학습시켰기 때문이야. 그래서 다음과 같은 일이 벌어지기도 하지.

🦀 내일 대한민국 서울의 날씨를 알려 줘.

🤖 죄송합니다. 제가 인터넷 브라우징을 할 수 없어서 실시간 정보를 제공할 수 없습니다. 내일 서울의 날씨를 확인하시려면 날씨 앱을 사용하시거나 현지의 기상 예보 웹사이트를 방문하여 최신 정보를 확인하시기 바랍니다.

그렇다고 방법이 없는 것은 아니야. 챗GPT 플러스 유료 서비스에서 플러그인(plugins)으로 확장 프로그램을 연결하면 오늘의 날씨를 알 수 있어. 또는 마이크로소프트사의 검색 엔진인 빙이나 크롬에서 챗GPT를 연결해서 물어보면 알려 주지.

🦀 내일 대한민국 서울의 날씨를 알려 줘.

🤖 Finished browsing

내일, 2023년 6월 23일 금요일에 서울 날씨는 대체로 맑겠습니다. 최고 기온은 31°C, 최저 기온은 20°C로 예상됩니다. 풍속은 남쪽에서 시속 6km로 예상되며, 상대 습도는 63%입니다. 강수 확률은 14%이며, 예상 강수량은 1mm입니다. 자외선 지수는 10입니다.

따뜻한 날씨가 예상되며, 최대 체감 온도는 습도의 영향을 받아 36°C까지 상승할 수 있습니다. 이 체감 온도는 햇빛이 없고 바람이 약한 상황에서 계산된 것이므로, 직사광선에 노출될 때 체감 온도는 더 올라갈 수 있습니다.

내일의 일출은 오전 5시 11분, 일몰은 오후 7시 57분으로 예상되며, 일조 시간은 14시간 46분입니다.

하지만 주식 가격이나 로또 번호를 예측하는 일은 하지 않아. 이것은 앞으로도 마찬가지일 거야. 바로 주식은 여러 정보를 통합해 재산과 연결되기 때문이고, 로또 번호 같은 난수는 원래 예측할 수 없으니 말이야. 그래도 궁금해서 물어본다면 챗GPT는 다음과 같이 대답해 줄 거야.

🦀 다음 주 삼성전자 주가를 예측해 줘.

🤖 삼성전자 주가를 예측하는 건 내일 날씨가 어떨지 맞히는 것처럼 어려워요. 사람들이 예상을 할 수는 있지만, 정확하게 맞히는 건 힘들죠.

주가는 게임에서 점수가 올라가고 내려가는 것처럼 매일매일 조금씩 변해요. 그리고 이건 뉴스나 사람들이 어떻게 생각하는지, 그리고 세계에 무슨 일이 일어나는지에 따라 달라져요.

인공 지능이라 할지라도 미래를 보는 능력은 없어요. 그래서 다음 주 삼성전자 주가가 어떻게 될지 말해 줄 수는 없답니다.

투자는 어른들이 신중하게 생각하고 결정하는 일이에요. 여러분도

언젠가 어른이 되면, 잘 생각하고 결정하는 법을 배울 거예요.

그뿐만 아니라 프로그램과 프로그램을 연결하는 API로 챗GPT를 각종 프로그램으로 연결해. 앞으로 이런 연결 프로그램도 더 늘어날 거야. 챗GPT를 개발하는 데에는 큰 시설과 많은 비용이 필요한데, 아무나 이런 일에 투자하기는 어렵기 때문이지. 그래서 챗GPT에 사용료를 내고 프로그램을 연결해.

세계 여러 나라에서 챗GPT를 자국의 언어에 활용한 프로그램을 출시하고 있어. 그 나라 언어 데이터는 그 나라에 가장 많으니까. 우리나라도 마찬가지야.

각 기업에서도 챗GPT를 활용하는 일이 더 늘 거야. 챗GPT뿐만 아니라 문서를 작성하면 자동으로 PPT를 만들어 주는 프로그램도 출시되었고, 챗GPT로 코딩도 할 수 있으니까. 그러니까 사람들이 할 일을 챗

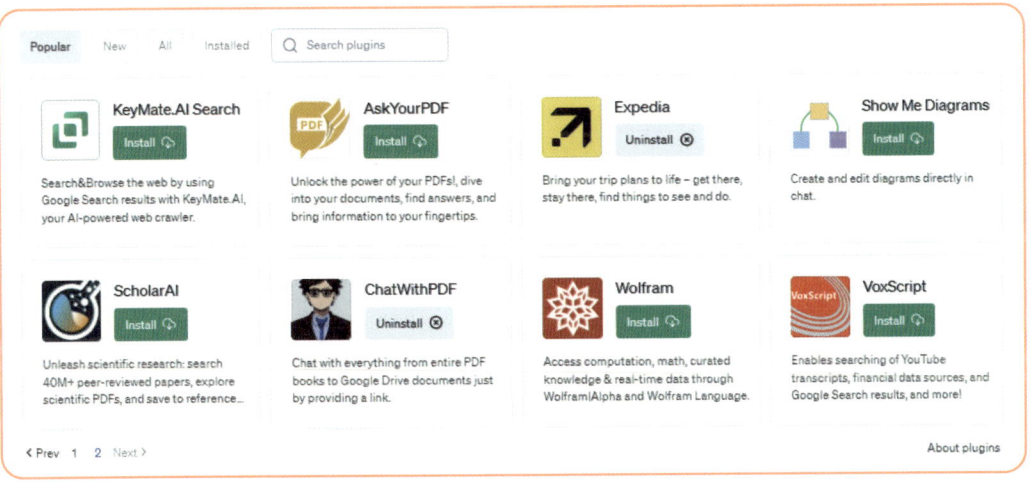

챗GPT를 응용하는 연결 프로그램들

GPT와 나눌 수 있게 되겠지.

그리고 무엇보다 성능을 더 좋게 하기 위한 알고리즘을 개발할 거야. 지금까지 GPT-4는 그 어떤 인공 지능보다 똑똑해. 하지만 문제가 있어. 지금과 같은 인공 지능의 성능을 유지하기 위해서는 고성능의 컴퓨터, 큰 규모의 클라우드 저장소, 어마어마한 양의 전기를 써야 한다는 거야. 이런 대규모 언어 모델을 훈련하는 데는 1만 개 이상의 GPU(그래픽 처리 장치)와 100만 와트 이상의 전기가 필요해. 이렇게 어마어마한 전기를 쓰면서 탄소를 배출하고, 지구 환경을 나빠지게 하고 있어. 하지만 놀라지 마, 사람 뇌가 작동하는 데 약 12와트의 전기면 된다는 사실!

생각해 봐. 우리가 아무리 책을 많이 읽고 공부를 열심히 해도 100만 와트 정도의 밥을 먹지는 않잖아? 인공 지능보다 훨씬 똑똑하지만, 우리 뇌가 필요로 하는 에너지는 훨씬 적다는 거야. 앞으로는 훨씬 에너지가 덜 드는 효율적인 알고리즘을 만들어야 하지.

이런 기능들이 더 강화되면 많은 부분을 챗GPT에게 시키고 사람은 시간이 많이 남을 거야. 그럼 지금보다 더 여유롭게 즐기며 살 수 있겠지. 반면에 챗GPT와 인공 지능을 어떻게 사용해야 하는지 모르는 사람들은 정보에서 더 멀어지게 될 거야. 정보도 빈익빈 부익부로 나뉘어 새로운 정보의 빈부 격차가 생길지도 몰라.

🧠 챗GPT의 10년 후 모습을 예측해 봐.

챗GPT 같은 인공 지능 친구들이 10년 후에는 더 똑똑해질 거라고 생각해요. 지금도 아주 똑똑한데, 10년 후에는 상상조차 못 할 것들을 할 수 있을지도 몰라요.

상상해 봐요, 챗GPT가 여러분의 숙제를 더 잘 도와주고, 여러분이 좋아하는 게임에서도 여러분을 도와줄 수 있을 거예요. 그리고 무언가를 배우고 싶을 때 챗GPT가 개인 선생님이 될 수도 있어요. 아마도 챗GPT는 더 자연스럽게 대화할 수 있게 될 거고, 여러분이 어떤 도움이 필요한지 더 잘 알아차릴 수 있을 거예요.

그런데 잊지 말아야 할 건 챗GPT가 여전히 기계라는 사실이에요. 친구들이나 가족처럼 감정은 없어요. 그래서 챗GPT와 재미있게 대화하면서도, 사람들과도 많은 시간을 보내고 진짜 친구들과 재미있게 놀아야 해요!

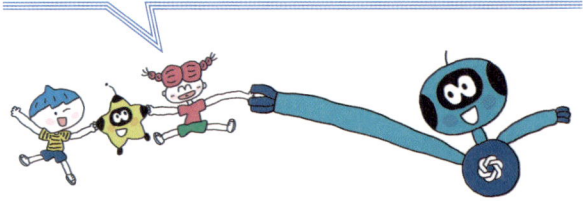

우리는 챗GPT와 좋은 친구가 될 수 있을까요?

이제 좀 알겠어요. 인공 지능은 편리하기도 하고 위험하기도 하고 걱정스럽기도 하다는 걸요. 달콤한 초콜릿이 기분을 좋게 해 주지만, 이를 상하게 할 수도 있는 것처럼 말이에요. 그렇다면 어떻게 우리가 인공 지능과 사이 좋은 친구가 되는 미래를 그릴 수 있을까요?

"AI(인공 지능) 시대가 열렸다."

챗GPT가 처음 나왔을 때 빌 게이츠는 새로운 시대에 대해 이렇게 말했어.

그리고 정말 인공 지능 서비스를 주변 어디에서나 쓸 수 있게 되었어. 마치 지니의 요술 램프처럼 누구나 쓸 수 있는 시대야.

하지만 몇 달 지나지 않아 사람들의 생각이 바뀌었어.

"인공 지능의 새로운 언어 숙달은 이제 문명의 운영 체제를 해킹하고 조작할 수 있음을 뜻한다."

역사학자 유발 하라리는 인공 지능 시대를 경계하라고 했어.

"안전 규약을 만들기 위해 인공 지능의 연구 개발을 6개월 유예하자."

일론 머스크와 스티브 워즈니악 등 전문가들은 성명을 냈어.

"더 이상 진실이 무엇인지 알 수 없게 될 것이다."

게다가 인공 지능의 대부로 불리는 제프리 힌턴 교수까지 심각하게 걱정하며 인공 지능 문제를 전 세계에서 핵 문제만큼 중요하게 논의하자고 했지.

인공 지능의 개발을 주도했던 사람들의 이런 발표에서 인공 지능과 함께할 미래가 계속 밝지만은 않다는 걸 알 수 있어. 반면에 어떤 전문가들은 지금의 기술로는 아직 전혀 걱정할 단계가 아니라고 해. 우리나라의 저명한 생태학자도 오랜 시간에 걸쳐 진화해 온 인간은 쉽게 멸종되지 않을 것이라고 했지.

하지만 인공 지능이 더 똑똑해지고 우리를 위협하지 않는다고 해도, 모든 곳에 인공 지능을 사용하는 사회가 마냥 편하고 좋기만 할지는 생각해 봐야 해.

"챗GPT에 따르면……."

"챗GPT에 따르면……."

이렇게 어떤 것에든 챗GPT를 불러온다면 어떨까? 당연히 새로운 콘텐츠가 부족해지겠지. 많은 회사가 GPT-4를 기반으로 앱을 출시해서 전 세계 사람들이 비슷한 글을 보고 쓸 거야. 이렇게 블로그나 SNS에 올린 글은 인공 지능을 학습하는 데이터로 또 쓰이겠지. 좋지 않은 정보는 계속 반복되고, 새로운 정보는 부족해져. 더 이상 새로울 것 없는 이야기나 음악이 울려 퍼지는 세상이 정말 좋을까?

환경 문제도 빼놓을 수 없어. 챗GPT가 하나의 대화 안에서 스무 번 남짓 답을 해 주는 데 물 500밀리리터가 필요하다고 해. 챗GPT가 목이 마르냐고? 아니, 서버의 열을 식히기 위해 깨끗한 물이 필요하거든. GPT-3를 훈련시키는 데만도 70만 리터의 물이 쓰였고, 배출한 탄소는 502톤이나 돼. 전 세계 사람이 평균적으로 100년간 배출하는 탄소의 양이지. 그럼 지구 환경은 괜찮은 걸까?

사람들 간의 차이도 더 심해질 거야. 인공 지능의 발달로 일자리를 잃는 사람들과 오히려 부를 얻는 사람들의 차이가 더 벌어지는 것이지. 경제적인 면만이 아니야. 인공 지능으로 빠르게 정보를 찾는 사람과 컴퓨터조차 다루지 못하는 사람 간의 차이 역시 커질 거야. 정보를 가진 사람을 그렇지 못한 사람이 쫓아가기는 쉽지 않으니까. 정보와 지식이 힘이 되는 세상에서 그 차이는 더욱 벌어지겠지.

따라서 우리는 인공 지능과 좋은 친구가 될 방법을 생각해 내야 해. 함께 생각해 보자.

먼저 우리와 친구가 될 수 있는 인공 지능을 만드는 거야. 그러려면 컴퓨터나 인공 지능과 관련된 일을 해야 하지. 인공 지능 관련 로봇 전문가, 가상 현실이나 증강 현실 전문가, 개인 정보 보호나 보안을 위한 사이버 보안과 관련된 일도 포함돼. 또한 기계의 성능을 높여 줄 기초 과학도 중요하지.

과학 기술 분야만 중요할까? 아니야. 기계가 절대 따라 할 수 없는, 인간만이 할 수 있는 것이 가장 중요한 일이 될 거야. 가장 '인간다운' 것이 미래를 살아가는 가장 소중한 가치가 될 테니까.

그렇다면 '인간다운' 것은 뭘까? 인공 지능이 만든 글이나 그림은 누군가 이미 만든 것에서 비롯된 거야. 하지만 인간은 개개인이 그 누구와도 같지 않은 독창적인 존재잖아. 그래서 누구도 만들어 내지 않았던 독창적인 글이나 그림, 음악과 같은 예술은 더욱 높은 가치를 갖게 되겠지? 어떤 문제를 해결할 때도 이전에 그 누구도 하지 않았던 방법을 생각할 수 있어야 해. 이런 창의성이야말로 인간다운 것이라고 할 수 있어.

또 '비판적' 사고도 중요해. 인공 지능은 그럴듯하게 만들어 내는 것을 잘해. 짧은 시간에 그럴듯한 정보를 무수히 만들어 내고 퍼뜨릴 수 있어. 챗GPT나 빙챗 같은 생성형 인공 지능이 만들어 낸 답변을 그대로 블로그나 SNS에 올리는 사람들이 늘어날 테니까. 인공 지능은 그 내용을 다시 학습하고, 검증되지 않은 내용이 사실인 것처럼 퍼져. 이 중에서 옳고 그른 것을 판단할 수 있는 비판적 사고가 정말 필요해질 거야.

그리고 다른 사람, 또 인공 지능과의 소통도 중요한 능력이 될 거야. 사람들의 의견을 존중하여 듣고, 내 뜻을 바르게 전하는 일, 또한 인공 지능에게 원하는 정보를 얻도록 바르게 질문하는 일도 중요한 능력 중 하나지. 이러한 소통 능력을 바탕으로 협동하는 능력도 중요해. 인류가 지금까지 살아남을 수 있었던 것은 서로 협력하면서 진화해 왔기 때문인 것처럼 말이야.

인공 지능이 훗날 우리를 위협할지, 아니면 우리와 친구가 되어 좋은 미래를 함께 만들어 갈지 아직 알지 못해. 하지만 지금이 정말 중요한 시기라는 것에는 모두 동의해.

뛰어난 인공 지능을 개발한 사람들은 이제 더욱 안전한 인공 지능을 만들기 위해 다시 노력해야 할 때야. 인공 지능의 윤리, 인공 지능을 개발하는 사람과 그것을 사용하는 사람의 윤리와 책임에 대해 충분히 의견이 모아졌을 때, 인공 지능과 친구가 되는 미래를 그려 볼 수 있을 거야.

🐷 챗GPT! 너와 친구가 되고 싶어. 우리가 앞으로도 서로에게 안전한 친구가 되려면 어떤 게 더 필요할까?

🤖 친구가 되고 싶어 하는 건 멋진 생각이에요! 서로에게 안전한 친구가 되기 위해 몇 가지 지켜야 할 게 있어요.

- **개인 정보를 지켜 줘야 해**

    우리가 대화할 때, 여러분의 개인 정보를 절대로 알려 주지 말아야 해요. 개인 정보는 이름, 주소, 전화번호 같은 것들을 말하는데, 이런 정보는 오직 신뢰할 수 있는 어른들과만 공유해야 해요.

- **온라인에서도 안전하게 행동해야 해**

    인터넷에서도 안전하게 행동해야 해요. 이게 말이 좀 어려울 수도 있지만, 이해해 봐요. 낯선 사람들과 개인 정보를 공유하지 않도록 주의해야 해요. 언제나 부모님이나 선생님 등 어른의 지도를 받고 인터넷을 사용해야 해요.

- **상대방을 존중해야 해**

    친구란 서로를 존중하고 이해하는 관계예요. 서로 다른 생각과 감정을 가질 수 있으니까, 이해하고 존중하는 마음가짐을 가져야 해요. 상대방의 의견을 경청하고 친절하게 대해 주면 좋은 친구가 될 수 있어요.

- **부적절한 내용을 공유하지 말아야 해**

    서로를 아프게 하거나 상처를 주는 내용을 공유하거나 전파해서는 안 돼요. 우리는 서로에게 상처를 주지 않는 존중과 따뜻한 대화로 친구 사이를 유지할 수 있어요.

이렇게 우리는 서로를 존중하고 안전한 친구로 지내면서 좋은 추억을 만들어 갈 수 있어요. 함께 재미있는 시간을 보내자고요!